Markus Bongers, Jürgen Kaese, Dr. Uwe Kirschberg, Andre Kleingarn, Robert Reitberger

ZERSPANUNGSMECHANIK

Lernfelder 5–8
Arbeitsaufträge

- Fertigen
- Warten und Inspizieren
- Inbetriebnehmen
- CNC-Fertigen

Unter Mitarbeit der Verlagsredaktion.

westermann

1. Auflage, 2013
Druck 1, Herstellungsjahr 2013

Westermann Schroedel Diesterweg Schöningh Winklers GmbH, Braunschweig
www.westermann.de

Redaktion: Martin Reinelt
Umschlaggestaltung: boje 5 Grafik & Werbung, Braunschweig
Satz und Lay-out: Sabine Fehmer, Grafik & Layout, Destedt
Illustrationen: Sperling Info Design GmbH, Gehrden
Druck und Bindung: westermann druck GmbH, Braunschweig

ISBN 978-3-14-**231246**-0

Inhaltsverzeichnis / table of contents

Lernfeld 8A — FERTIGEN AUF NUMERISCH GESTEUERTEN WERKZEUGMASCHINEN – DREHEN / PRODUCING ON COMPUTERIZED NUMERICAL CONTROLLED MACHINE TOOLS – TURNING

SPANNZANGENFUTTER / COLLET CHUCK

Lernfeld 8B — FERTIGEN AUF NUMERISCH GESTEUERTEN WERKZEUGMASCHINEN – FRÄSEN / PRODUCING ON COMPUTERIZED NUMERICAL CONTROLLED MACHINE TOOLS – MILLING

FORMEINSATZ / MOULD INSERT

RUNDLAUFPRÜFGERÄT 5

Verwendung:

Das Rundlaufprüfgerät wird zum Prüfen von rotationssymmetrischen Teilen verwendet. In den Messmittelhalter können Messuhren, Feinzeiger oder Fühlhebelmessgeräte eingespannt werden.

Durch die gelagerten Messspitzen lassen sich die zu prüfenden Werkstücke mit geringem Kraftaufwand drehen. Die Rundlaufabweichung liegt unter < 5 µm.

Gesamtauftrag:

An dem Rundlaufprüfgerät wurde bei der Prüfmittelüberwachung festgestellt, dass die Kegelaufnahme abgenutzt und der Messmittelhalter verzogen ist.

Die Kegelaufnahme und der Messmittelhalter sollen neu angefertigt werden.

Arbeitsaufträge:

Zum Erfüllen des Gesamtauftrages sind folgende Arbeitsaufträge auszuführen:

Drehen und Schleifen der Kegelaufnahme

5.1 Analysieren der Einzelteilzeichnung Kegelaufnahme

5.2 Drehen der Kegelaufnahme

5.3 Schleifen der Kegelaufnahme

5.4 Prüfen der Kegelaufnahme

Fräsen des Messmittelhalters

5.5 Analysieren der Einzelteilzeichnung Messmittelhalter

5.6 Fertigen des Messmittelhalters

5.7 Prüfen des Messmittelhalters

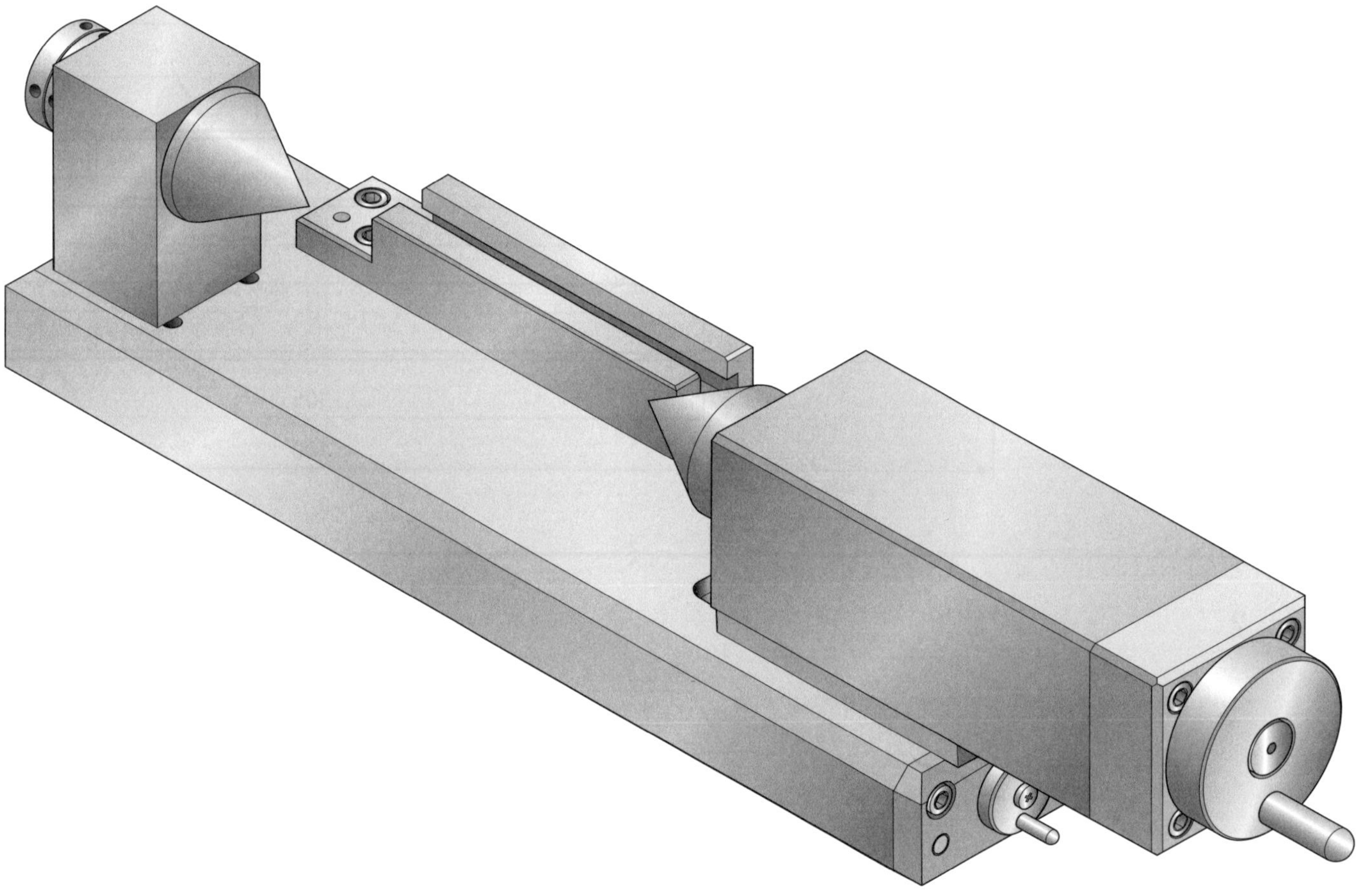

RUNDLAUFPRÜFGERÄT

Analysieren der Einzelteilzeichnung Kegelaufnahme **5.1**

1. Erklären Sie den Zeichnungseintrag der geometrischen Tolerierung.

Symbol

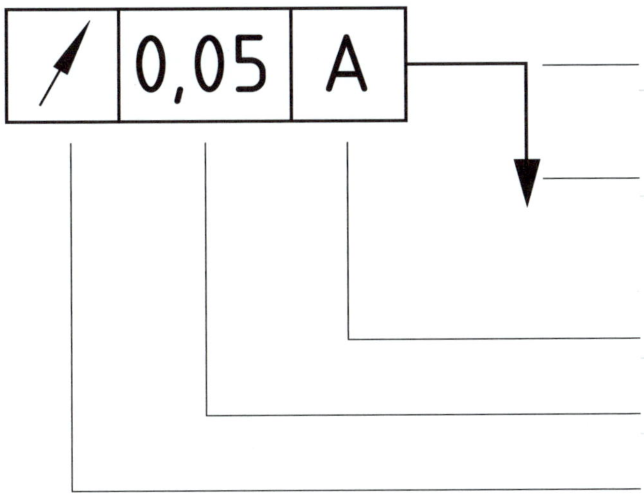

Erklärung

2. Welche Normen geben an, wie genau die einzelnen Nennmaße eingehalten werden müssen?

3. Zeichnen Sie den angegebenen Gewindefreistich im Maßstab 5:1 und bemaßen Sie diesen normgerecht.

Hinweis: Bei Feingewinde sind die Maße für den Gewindefreistich nach der Steigung des Gewindes zu bestimmen.

Name	Klasse	Datum

4. Begründen Sie, warum am Gewinde ein Freistich benötigt wird.

5. Erklären Sie den Zeichnungseintrag der Zentrierbohrung.

ISO 6411 :

> :

R :

2,5 :

5,3 :

6. Bei genauen Kegeln kann neben dem Durchmesser und der Länge die Kegelverjüngung und der Einstellwinkel in der Zeichnung angegeben werden.

a) Bestimmen Sie die Kegelverjüngung.

Name	Klasse	Datum

b) Geben Sie den Zeichnungseintrag an.

c) Berechnen Sie den Einstellwinkel.

Name	Klasse	Datum

7. Welche Bereiche müssen an der Kegelaufnahme wärmebehandelt werden?

8. Erklären Sie die Härteangabe.

-·-·-·- :

einsatzgehärtet :

52 :

+ 4 :

HRC :

CHD :

2,0 :

+0,8 :

9. Wie groß ist die Schleifzugabe?

Name	Klasse	Datum

Drehen der Kegelaufnahme

1. Auf der Zeichnung ist der Werkstoff angegeben.

   a) Bestimmen Sie:

   Stahlsorte:

   Zugfestigkeit:

   Streckgrenze:

   Härte:

   Verwendungszweck:

   Chemische Zusammensetzung:

   b) Welche Zerspanungsbedingungen ergeben sich für den Werkstoff?

2. Die Kegelaufnahme soll mit einer Hartmetallwendeschneidplatte gefertigt werden.

   a) Die Zeichnung enthält Angaben über die Werkstückkanten. Was müssen Sie hinsichtlich der Auswahl der Schneidplatte berücksichtigen?

Name	Klasse	Datum

b) Erläutern Sie die Bezeichnung der ausgewählten Wendeschneidplatte „DIN 4968 – KCGG X15 05 04 EN – HC – P20“ nach DIN ISO 1832.

DIN 4968:

K:

C:

G:

G:

X:

15:

05:

04:

E:

N:

HC:

P:

10:

c) Ermitteln Sie für das Schlichtdrehen der Kegelaufnahme folgende Werte:

Vorschub:

Schnitttiefe:

Spanungsquerschnitt:

Schnittgeschwindigkeit:

Name	Klasse	Datum

3. Das Gewinde M12 x 1 soll gedreht werden.

a) Durch welche Bauteile wird die Vorschubbewegung beim Gewindedrehen an einer Universaldrehmaschine erzeugt?

b) Bestimmen Sie die notwendigen fertigungstechnischen Daten für die Herstellung des Gewindes M12 x 1 und geben Sie die richtigen Hebelstellungen an.

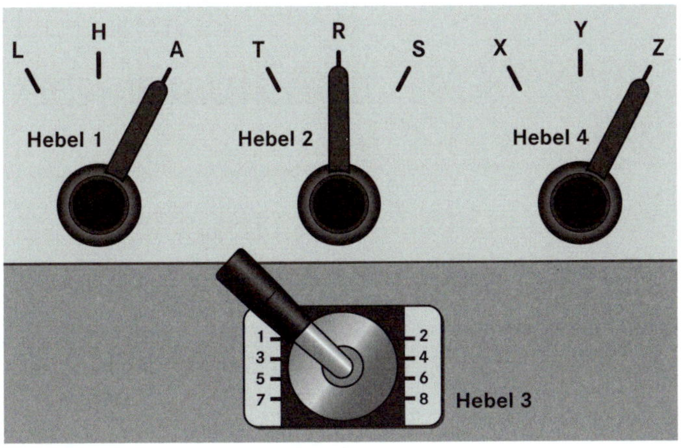

f in mm	Hebelstellung	*f* in mm	Hebelstellung	*f* in mm	Hebelstellung
.2	LT1X	1.2	LR6X	6.5	HS7Z
.225	LT2X	1.25	LS3Z	7	HS8Z
.25	LT3X	1.3	LR7X	8	HR1Z
.3	LT6X	1.4	LR8X	9	HR2Z
.35	LT8X	1.5	LS6Z	10	HR3Z
.4	LS1X	1.75	LS8Z	11	HR4Z
.45	LS2X	2	LR1Z	12	HR6Z
.5	LS3X	2.5	LR3Z	13	HR7Z
.6	LS6X	3	LR6Z	14	HR8Z
.7	LS8X	3.5	LR8Z		
.75	LT6Z	4	HS1Z		
.8	LR1X	4.5	HS2Z		
.9	LR2X	5	HS3Z		
1	LS1Z	5.5	HS4Z		
1.1	LR4X	6	HS6Z		

Vorschub *f*: Hebel 1:

Spanwinkel γ: Hebel 2:

Neigungswinkel α: Hebel 3:

Hebel 4:

c) Wählen Sie eine geeignete Zustellungsmethode und begründen Sie diese.

Name	Klasse	Datum

4. Der Kegel soll durch Reitstockverstellung hergestellt werden.

   a) Berechnen Sie die Reitstockverstellung.

   b) Beschreiben Sie das Verstellen des Reitstockes.

   c) Beschreiben Sie das Zurückstellen des Reitstockes.

Name	Klasse	Datum

5. Erstellen Sie einen Arbeitsplan für das Drehen der Kegelaufnahme. Geben Sie alle Werkzeuge, Spannzeuge, Hilfsmittel, Prüfmittel und die technologischen Daten an (n, v_c, f und a_p). An der Maschine sind folgende Umdrehungsfrequenzen einstellbar:
90 1/min, 125 1/min, 180 1/min, 250 1/min, 355 1/min, 450 1/min, 500 1/min, 710 1/min, 1000 1/min, 1400 1/min, 2000 1/min, 2600 1/min, 3200 1/min, 3800 1/min und 4400 1/min

Sie haben folgende Drehwerkzeuge zu Verfügung:

a	b	c	d	e	f	g	h	i

westermann	**Arbeitsplan**	**Blatt-Nr.** 1	**Anzahl** 2

Benennung: Kegelaufnahme	**Zeichn.-Nr.** **Sach.-Nr.**	**Auftragsnr.:**	**Name:**
Halbzeug: Rd EN 10278 – 30 x 103 – 16MnCr5+C		**Stückzahl:** 1	**Klasse/Gr.:**
☒ **Einzelteil**	☐ **Montage/Demontage**	**Termin:**	**Kontr.-Nr.:**

Lfd. Nr.	**Arbeitsvorgang**	**Arbeitsmittel**	**Arbeitswerte/ Bemerkungen**

Name Klasse Datum

Lfd. Nr.	Arbeitsvorgang	Arbeitsmittel	Arbeitswerte/ Bemerkungen

Name	Klasse	Datum

1. Wählen Sie ein geeignetes Schleifverfahren.

2. Das Schleifen erfolgt mit einer Schleifscheibe ISO 603-1 1 A 100 x 16 x 20 A/F60 K8 V-32.

   Erläutern Sie:

   ISO 603-1:

   1:

   A:

   100:

   16:

   20:

   A:

   F60:

   K:

   8:

   V:

   32:

3. Bestimmen Sie die technologischen Daten für das Schleifen:

	Tabellenbuch Werte	Gewählte Werte
v_c		
v_w		
q		

Name Klasse Datum

4. Bestimmen Sie die Umfangsgeschwindigeit der Welle.

5. Berechnen Sie die Umdrehungsfrequenz für den Kegel.

Name	Klasse	Datum

6. Ermitteln Sie die Hauptnutzungszeit für das Schleifen des Kegels (i = 25).

Name	Klasse	Datum

7. Beschreiben Sie das Einrichten und Rundschleifen auf der Drehmaschine mit Schleifaufsatz.

Einrichten:

Rundschleifen:

8. Nennen Sie drei Vorteile des Schleifens gegenüber anderen spanenden Fertigungsverfahren.

Name	Klasse	Datum

1. Entscheiden Sie, ob für die Prüfung des Durchmessers 15j6 eine digitale Bügelmessschraube geeignet ist. (*Zw* = 0,001 m)

2. Wie überprüfen Sie vor dem Einsatz der digitalen Bügelmessschraube ihre korrekte Einstellung und Genauigkeit?

3. Der Kegel soll nach dem Schleifen mit einem Sinuslineal überprüft werden.

   a) Beschreiben Sie die Prüfung des Kegels mit dem Sinuslineal.

Name	Klasse	Datum

b) Berechnen Sie die Endmaßkombination. Sie haben einen Endmaß-Normalsatz zur Verfügung.

4. Beschreiben Sie die Prüfung der geometrischen Tolerierung an der Kegelaufnahme.

Name	Klasse	Datum

5. Ergänzen Sie die Tabelle.

Maß in mm	Grenzabmaße in mm	Toleranz	Prüfgerät	Ablesegenauigkeit
Längenmaß 100	+ / - 0,3	0,6	Messschieber Form A	SKW = 0,05

6. Erläutern Sie am Beispiel des Prüfens vom Durchmesser 15 j6 den Unterschied zwischen attributiver und variabler Prüfung.

Attributive Prüfung:

Variable Prüfung:

Name	Klasse	Datum

7. Der Kegel ist einsatzgehärtet.

a) Bestimmen Sie für die Härteprüfung:

Prüfverfahren:

Eindringkörper:

Prüfvorkraft F_0 in N:

Prüfzusatzkraft F_1 in N:

Prüfgesamtkraft F in N:

b) Beschreiben Sie die Härteprüfung.

Name	Klasse	Datum

Analysieren der Einzelteilzeichnung Messmittelhalter

1. Erklären Sie die Zeichnungsangabe zu den Werkstückkanten nach DIN ISO 13715.

Symbol:

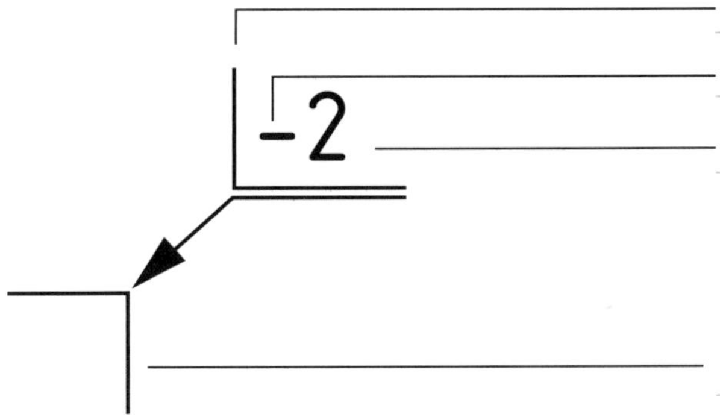

Erklärung:

2. Erklären Sie den Zeichnungseintrag zur Oberflächenbeschaffenheit.

3. Benennen Sie die angewendeten Schnittverläufe.

Vorderansicht:

Seitenansicht:

Name	Klasse	Datum

4. In der Zeichnung sind Flachsenkungen für die Schrauben nach DIN EN ISO 4762 angegeben.
   Zur Reduzierung der Lagerhaltung hat man sich für Schrauben nach DIN 6912 M6 x 15 - 8.8 entschieden.
   Skizzieren Sie die Senkung für diese Schrauben.

5. Erklären Sie den Zeichnungseintrag.

   Symbol:

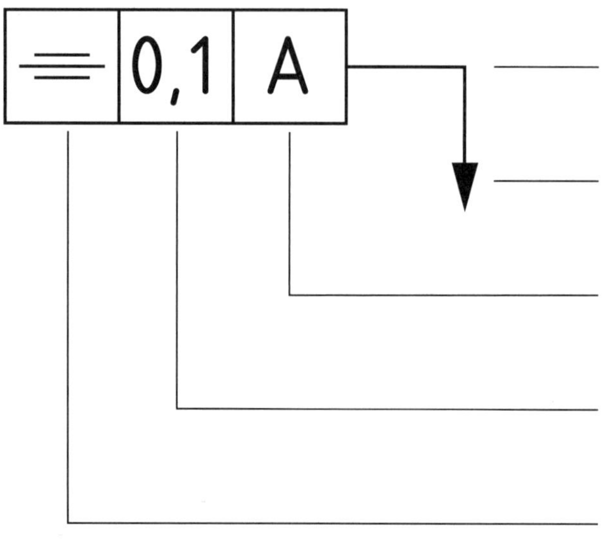

   Erklärung:

Name | Klasse | Datum

Fertigen des Messmittelhalters

1. In dem Schriftfeld der Zeichnung ist die Werkstoffbezeichnung angegeben.

   Bestimmen Sie:

   Stahlsorte:

   Zugfestigkeit:

   Streckgrenze:

   Bruchdehnung:

   Kerbschlagarbeit:

   Behandlungszustand:

   Verwendungszweck:

2. Das Halbzeug ist kaltgezogen.

   a) Wie wirkt sich dieser Behandlungszustand auf das Werkstück aus?

   b) Welche Auswirkungen können bei diesem Behandlungszustand bei einseitiger Zerspanung auftreten?

   c) Wie kann man das Werkstoffverhalten verbessern, benennen Sie das Verfahren?

Name	Klasse	Datum

3. Bestimmen Sie für das ausgewählte Wärmebehandlungsverfahren die notwendigen Werte und zeichnen Sie den Temperaturverlauf in das Diagramm ein.

   Hinweis: Die Haltezeit bei der gewählten Glühtemperatur ist dabei abhängig von der Dicke des Werkstücks und beträgt ca. 2 min je mm Materialdicke.

   Glühzeiten: ______________________________

   Temperatur: ______________________________

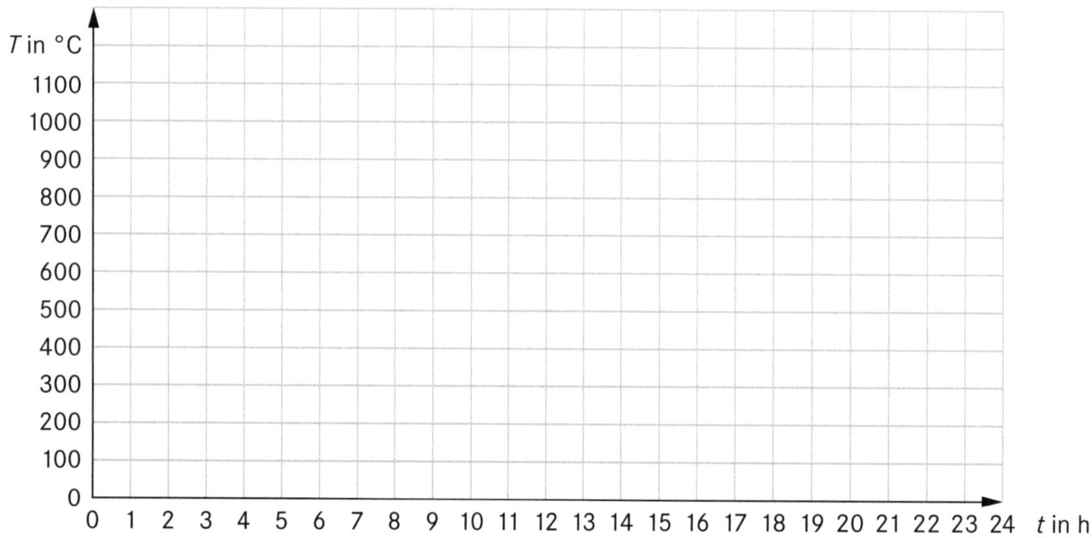

   Beschreiben Sie das Glühverfahren.

   ____

   ____

   ____

   ____

   ____

   ____

4. Die Absätze am Messmittelhalter sollen mit einem Fräser DIN 1880 - 40N - HSS mit 6 Schneiden gefertigt werden.

   a) Erklären Sie die Angaben zum Fräser.

      Fräser DIN 1880: ______________________________

      40: ______________________________

      N: ______________________________

      HSS: ______________________________

Name	Klasse	Datum

b) Bestimmen Sie für das Schruppen und Schlichten die folgenden Werte.

f_z in mm		a_p in mm		v_c in m/min	
Schruppen	Schlichten	Schruppen	Schlichten	Schruppen	Schlichten

5. Ermitteln Sie für das Schruppfräsen der Absätze folgende Werte:

a) Vorschub *f* in mm

b) Anzahl der Schnitte *i*

Name	Klasse	Datum

c) Umdrehungsfrequenz n in 1/min

d) Vorschubgeschwindigkeit v_f in mm/min

Name	Klasse	Datum

e) Spannungsquerschnitt A je Schneide in mm

Name	Klasse	Datum

f) Maschinenleistung P_c in KW

Name	Klasse	Datum

6. Erstellen Sie einen Arbeitsplan für die Fertigung des Messmittelhalters. Geben Sie alle Werkzeuge, Spannzeuge, Hilfsmittel, Prüfmittel an. Jedes Arbeitsmittel muss nur einmal genannt werden.

westermann	**Arbeitsplan**	**Blatt-Nr.** 1	**Anzahl** 1
Benennung: Messmittelhalter **Zeichn.-Nr. Sach.-Nr.** ______	**Auftragsnr.:** ______	**Name:** ______	
Halbzeug: Fl EN 10278–30x25x185 – S235JRC+C	**Stückzahl:** 1	**Klasse/Gr.:** ______	
[x] **Einzelteil** [ ] **Montage/Demontage**	**Termin:** ______	**Kontr.-Nr.:** ______	

Lfd. Nr.	Arbeitsvorgang	Arbeitsmittel	Arbeitswerte/ Bemerkungen

Name Klasse Datum

Name	Klasse	Datum

1. Beschreiben Sie die Prüfung der geriebenen Bohrung 5 H7 mit einem Grenzlehrdorn.

2. Beschreiben Sie, wie Sie die geforderte Symetrietoleranz prüfen.

3. Die Bohrungsabstände sollen auf Maßhaltigkeit überprüft werden.

   a) Beschreiben Sie das Messen der Bohrungsabstände der Passbohrungen Ø 5 H7 mit einem digitalen Messschieber.

   b) Beschreiben Sie das Messen der Bohrungsabstände der Flachsenkungen Ø 11 x 6,6 mit einem digitalen Messschieber.

Name	Klasse	Datum

Name Klasse Datum

6 CNC-DREHMASCHINE

Verwendung

Auf einer CNC-Drehmaschine werden Teile für die Lenksäulenverstellung eines PKW gefertigt. Auf Grund der Stückzahlen wurde die Maschine nicht voll ausgelastet. Nun soll sie jedoch im Zweischichtbetrieb eingesetzt werden.

Gesamtauftrag

Die Drehmaschine ist gemäß Herstellervorgaben regelmäßig zu warten und zu inspizieren. Nach einer Instandsetzung ist die Maschine gemäß Abnahmeprotokoll zu überprüfen. Dazu stehen Ihnen die zur Maschine gehörenden technischen Unterlagen zur Verfügung.

Arbeitsaufträge

Zum Erfüllen des Gesamtauftrages sind folgende Einzelaufträge auszuführen:

6.1 Analysieren des Schmierplans

6.2 Schmieren nach Schmierplan

6.3 Analysieren des Wartungsplan

6.4 Warten und Inspizieren nach Wartungsplan

6.5 Inspizieren gemäß Abnahmeprotokoll

Schmierplan

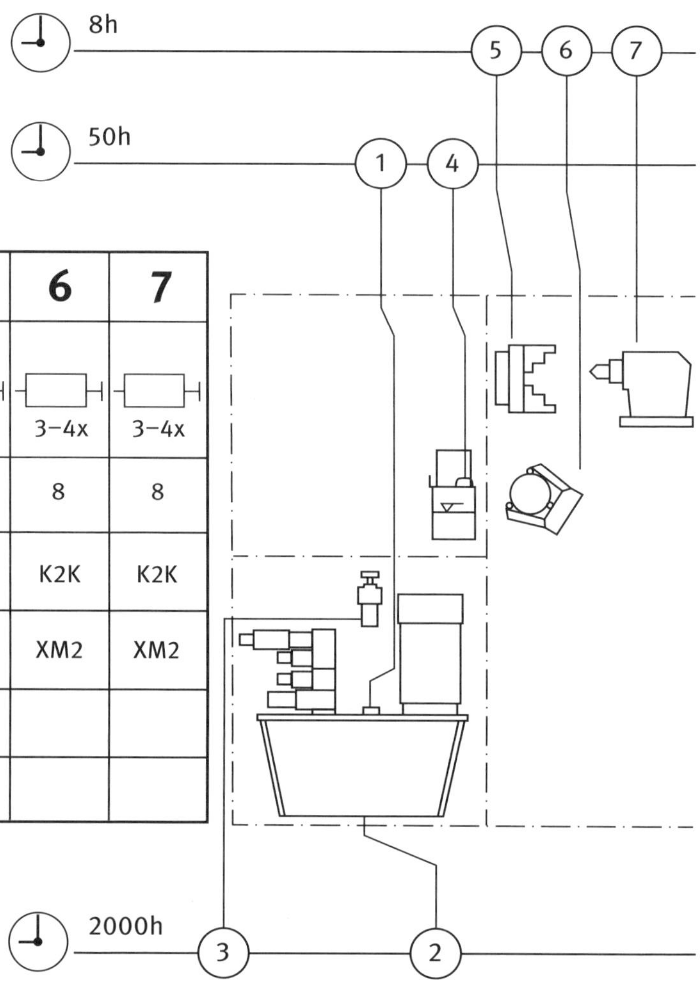

	1	2	3	4	5	6	7
					3–4x	3–4x	3–4x
	50	2000	2000	50	8	8	8
DIN	HLP32			CLP68	K2K	K2K	K2K
ISO	HM32			CKC68	XM2	XM2	XM2
V (dm^3)	40			1,8			
(gal)	11,1			0,5			

Einfüllort	Medium/ Viskosität	Klasse DIN/ISO	Befüllung Fabrikat/Typ	Menge [ltr.]
Hydraulikaggregat	Hydrauliköl ISO VG 32	HLP/HLP-D 32 DIN 51524-2/ HM 32 ISO 11158	Orlen Oil L-H/HLP 32	40
Zentralschmieraggregat	Öl ISO CKC-68 DIN CLP-68	ISO 12925-1 DIN 51517-3	Orlen Oil RC-68	1.8
Späneförderer	Kühlschmierstoff	siehe wassermischbare Kühlschmierstoffe		bis Max.-Markierung
Spannmittel	Schmierfett	DIN K2K ISO XM2	siehe Herstellerangaben	Minimalmenge

Abnahmeprotokoll

Abnahmebedingungen nach DIN 8605 mit bauartbedingten Abweichungen und Ergänzungen

Vorbereitende Maßnahmen

Nr.	Gegenstand der Prüfung	Bild	Prüfmittel	Prüfanleitung	Abweichung	
					zulässig	gemessen
1	Ausrichten der Maschine a in Längsrichtung b in Querrichtung	Draufsicht 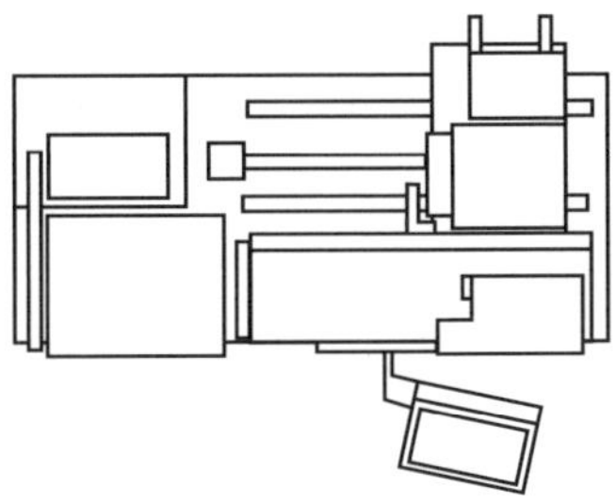	Genauigkeitswaage Maßbrücke	Die Richtwaage ist mit Hilfe einer Meßbrücke auf die Z-Führungsbahn (Revolver) zu setzen. Die Messungen sind in gleichmäßigen Abständen über die ganze Führungsbahn durchzuführen	a 0,015 mm bei L bis 1000 mm 0,025 mm bei L über 1000 mm b 0,030 mm/m Änderung der Neigung L = Drehlänge	

Geometrische Prüfungen

Nr.	Gegenstand der Prüfung	Bild	Prüfmittel	Prüfanleitung	Abweichung	
					zulässig	gemessen
2	Parallelität der Bettschlittenbewegung und der Führung für den Reitstock a in Richtung X b in Richtung Y	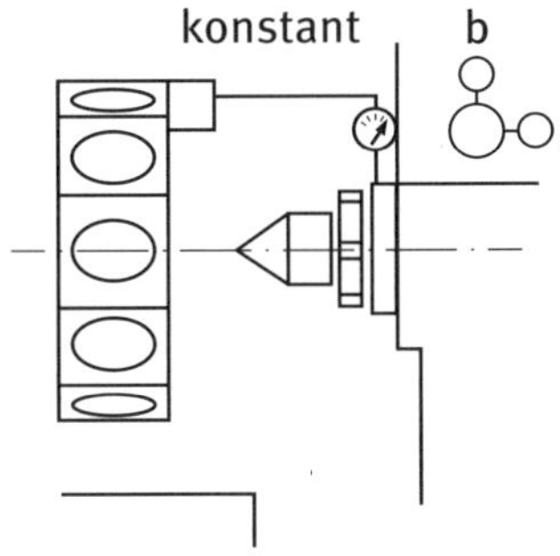	Feinzeiger nach DIN 879	Feinzeiger auf Bettschlitten befestigen. Taststift an Pinole in normaler Anhaltsposition anstellen. Die Messungen sind an verschiedenen Punkten in gleichmäßigen Abständen über die ganze Führungslänge verteilt durchzuführen.	a 0,020 mm Örtliche Toleranz 0,010 mm auf 500 mm b 0,030 mm Örtliche Toleranz 0,020 mm auf 500 mm	
3	Parallelität der Reitstockpinolenachse zur Bettschlittenbewegung a in Richtung X b in Richtung Y	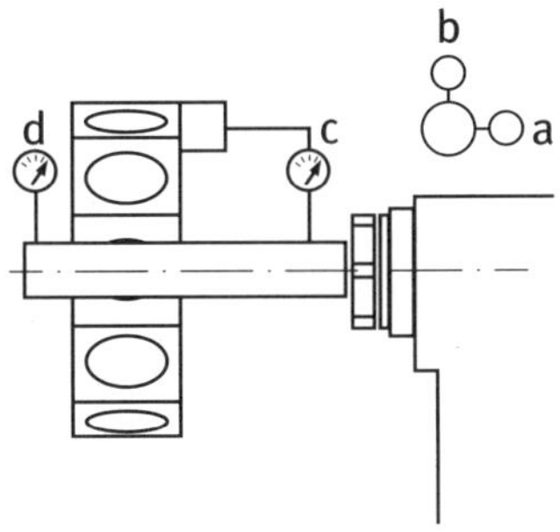	Feinzeiger nach DIN 879	Feinzeiger bei „c" anstellen und Reittockschlitten bis „d" verschieben Die Anzeigenänderung ist der Wert der Abweichung	a 0,010 mm auf 100 mm zur Werkzeugschneide gerichtet b 0,015 mm auf 100 mm nach oben gerichtet	
4	Laufgenauigkeit der Arbeitsspindel a Planlauf b Rundlauf	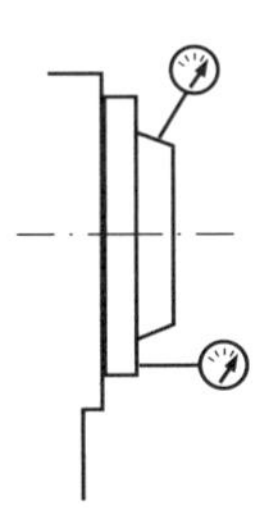	Feinzeiger nach DIN 879	a Feinzeiger auf Planfläche der Arbeitsspindel b Feinzeiger rechtwinklig zur Mantellinie des Zentrierkegels	a 0,010 mm b 0,007 mm	

Analysieren des Schmierplans

1. Welche Informationen können Sie dem Schmierplan entnehmen?

2. Erklären Sie die Bedeutung der Symbole im Schmierplan (DIN 8659).

Symbol	Bedeutung
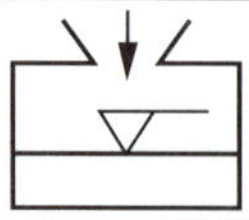	
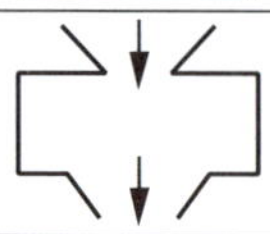	
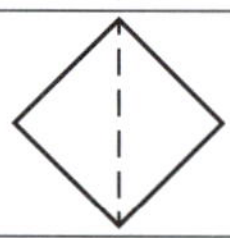	

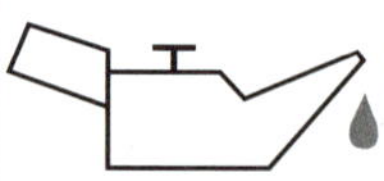	

3. Beschreiben Sie die Aufgabe der Schmierung.

4. Nennen Sie die verschiedenen Schmierstoffarten, die im Schmierplan aufgeführt werden und erläutern Sie die unterschiedlichen Verwendungszwecke.

Name	Klasse	Datum

5. Erläutern Sie die Bedeutung der im Schmierplan aufgeführten Schmierstoffbezeichnungen CLP 68 und K2K.

CLP 68

C:

L:

P:

68:

K2K

K:

2:

K:

6. Im Sicherheitsdatenblatt des Schmierstoffs CLP 68 finden Sie Angaben zur Viskosität, zum Stockpunkt und zum Flammpunkt. Erläutern Sie die Bedeutung dieser Begriffe.

Viskosität:

Stockpunkt:

Flammpunkt:

Name	Klasse	Datum

7. Welche Bedeutung haben diese Eigenschaften für den Einsatz des Schmierstoffs?

Viskosität:

Stockpunkt:

Flammpunkt:

8. Entgegen der Vorgabe des Schmierplans steht Ihnen nur CLP 32 zur Verfügung. Beurteilen Sie, ob dieser Schmierstoff statt des vorgeschriebenen CLP 68 verwendet werden kann.

9. Weil sie brennbar und wassergefährdend sind, unterliegt die Lagerung und Entsorgung von Schmierstoffen besonderen Vorschriften. Was bedeutet das für Ihren Umgang mit Schmierstoffen?

Schmierstofflagerung:

Schmierstoffentsorgung:

Name	Klasse	Datum

1. Vervollständigen Sie den Wartungsplan. Geben Sie die verwendeten Schmierstoffe nach DIN an.

Wartungsplan CNC-Drehmaschine								
Nr.	Tätigkeit	Hilfsmittel/Hilfsstoff	Intervall h					Bemerkung
			8	50	250	1000	2000	
1	Füllstand am Hydraulikaggregat kontrollieren, ggf. nachfüllen	Hydrauliköl HLP 32		x				
2								
3								
4								
5								
6								
7								

2. Was machen Sie, wenn Öl auf den Hallenboden gelaufen ist?

3. Was kann passieren, wenn versehentlich zu viel Öl in die Zentralschmierung eingefüllt wurde?

4. Der Kontakt mit Schmierstoffen kann zu Hauterkrankungen führen. Wie können Sie sich dagegen schützen?

5. Was macht der Schmierstoff mit der Haut?

Name	Klasse	Datum

Analysieren des Wartungsplanes

6.3

1. Welche Informationen können Sie dem Wartungsplan entnehmen?

2. Nennen Sie die Tätigkeiten, die zum Bereich der Wartung gehören und geben Sie je zwei Beispiele an Hand des Wartungsplans und des Schmierplans an.

Tätigkeiten	**Beispiele**

3. Der Wartungsplan enthält auch Tätigkeiten, die zur Inspektion gehören. Geben Sie die jeweilige Nummer an

4. Einige Tätigkeiten lassen sich nicht eindeutig der Wartung oder der Inspektion zuordnen. Woran liegt das?

Name	Klasse	Datum

1. Welche der Wartungstätigkeiten, die im 8 h bzw. 50 h Intervall auszuführen sind, führen Sie zu Schichtbeginn bzw. zu Schichtende durch? Begründen Sie Ihre Entscheidung.

   Schichtbeginn:

   Schichtende:

2. Während der täglichen Arbeit mit der Maschine können Veränderungen und Unregelmäßigkeiten subjektiv durch die Sinnesorgane erfasst und lokalisiert werden. Welche Veränderungen und Unregelmäßigkeiten können das sein? Nennen Sie mögliche Ursachen.

	Veränderungen und Unregelmäßigkeiten	**Mögliche Ursachen**
Sichtbar		
Hörbar		
Fühlbar		
Riechbar		

Name Klasse Datum

3. Benennen und beschreiben Sie die drei Instandhaltungsstrategien und geben Sie die jeweiligen Vor- und Nachteile an.

	Instandhaltungsstrategien		
Benennung			
Beschreibung			
Vorteile			
Nachteile			

Name	Klasse	Datum

4. Auf der CNC-Drehmaschine werden im Zweischichtbetrieb Serienteile für die Automobilindustrie gefertigt. Wählen Sie eine geeignete Instandhaltungsstrategie und begründen Sie Ihre Entscheidung.

5. Die CNC-Drehmaschine ist mit einer Zentralschmierung ausgestattet. Erklären Sie deren Funktionsweise und benennen Sie Vorteile gegenüber der manuellen Schmierung.

Funktionsweise:

Vorteile:

Name	Klasse	Datum

Inspizieren gemäß Abnahmeprotokoll

1. Welche Informationen können Sie dem Abnahmeprotokoll entnehmen?

2. Warum ist die CNC-Drehmaschine regelmäßig gemäß Abnahmeprotokoll zu inspizieren?

3. Nennen Sie Gründe, die zu einer außerplanmäßigen Sonderinspektion führen können.

4. Welche vorbereitenden Maßnahmen sind gemäß Abnahmeprotokoll zu erledigen?

Name	Klasse	Datum

5. Beschreiben Sie, wie Sie die Prüfung der Parallelität der Bettschlittenbewegung und der Führung für den Reitstock durchführen.

6. Bei dieser Prüfung ist eine Abweichung von 0,020 mm in x-Richtung zulässig. Erläutern Sie die ergänzende Angabe „Örtliche Toleranz 0,01 mm auf 500 mm".

7. Erklären Sie, wie Sie die Planlaufgenauigkeit der Arbeitsspindel überprüfen.

Name	Klasse	Datum

8. Erklären Sie, wie Sie die Rundlaufgenauigkeit der Arbeitsspindel überprüfen.

9. Was können Sie durch den Vergleich Ihrer gemessenen Abweichungen mit denen des Abnahmeprotokolls feststellen?

10. Wie gehen Sie vor, wenn Sie bei der Inspektion eine unzulässige Abweichung feststellen?

Name	Klasse	Datum

ENTLADEEINRICHTUNG 7

Verwendung

Auf einer CNC-Drehmaschine werden vorwiegend Kleinteile gefertigt. Das Stangenmaterial für die Drehteile wird in einem hydraulischen Spannfutter gespannt. Die fertig gedrehten Teile werden von der Stange abgestochen.

Eine pneumatisch betriebene Entladeeinrichtung nimmt die abgestochenen Werkstücke auf, schleust sie aus dem Arbeitsraum und legt sie auf ein Förderband ab. Das Förderband transportiert die Drehteile aus der Maschine.

Über einen Greifer, der sich in dem Werkzeugrevolver befindet, wird die Stange automatisch für das nächste zu fertigende Werkstück aus dem geöffneten Spannfutter gezogen.

Gesamtauftrag

Die hydraulische und pneumatische Anlage der CNC-Drehmaschine sind regelmäßig zu warten und zu inspizieren.

Nach einer Instandsetzung der pneumatischen und hydraulischen Teilsysteme ist die Maschine zusammen mit der Fachkraft für Steuerungstechnik wieder in Betrieb zu nehmen.

Arbeitsaufträge

Zum Erfüllen des Gesamtauftrages sind folgende Einzelaufträge auszuführen:

7.1 Analysieren der pneumatischen Steuerung

7.2 Warten und Inspizieren der pneumatischen Anlage

7.3 Analysieren der hydraulischen Steuerung

7.4 Warten und Inspizieren der hydraulischen Anlage

7.5 Inbetriebnehmen der automatischen Entladeeinrichtung

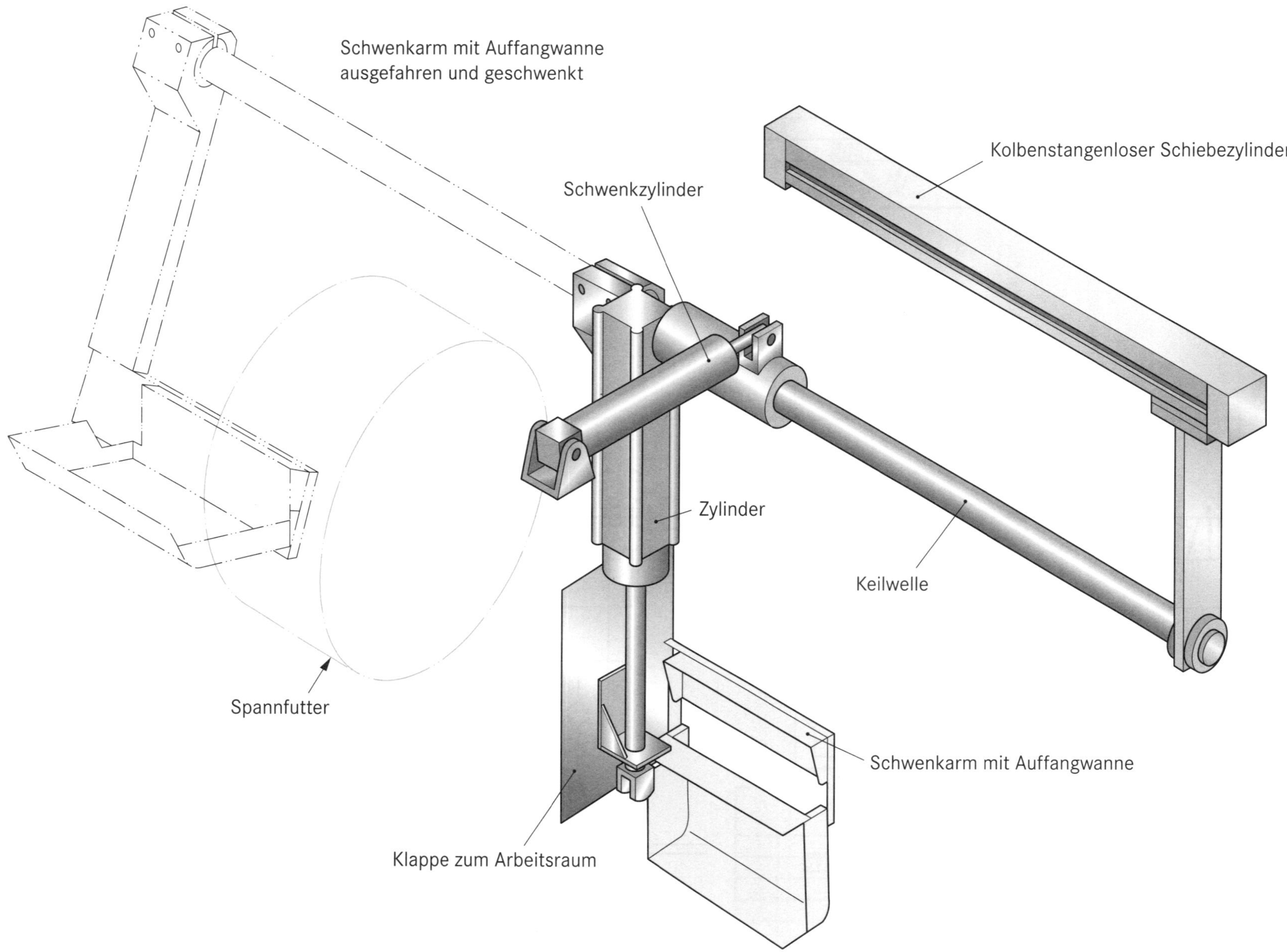
Schwenkarm mit Auffangwanne
ausgefahren und geschwenkt
Kolbenstangenloser Schiebezylinder
Schwenkzylinder
Zylinder
Keilwelle
Spannfutter
Schwenkarm mit Auffangwanne
Klappe zum Arbeitsraum

Analysieren der pneumatischen Steuerung

1. Geben Sie zu den in der Tabelle dargestellten Baugliedern der elektropneumatischen Steuerung die Bauteilnummern und die vollständige Benennung der Bauglieder an.

Schaltzeichen	Bauteilnummer	Benennung der Bauglieder
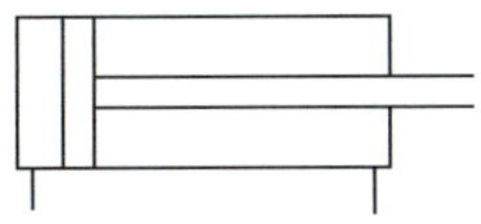		
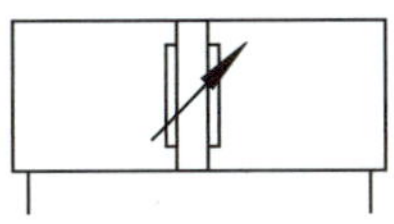		
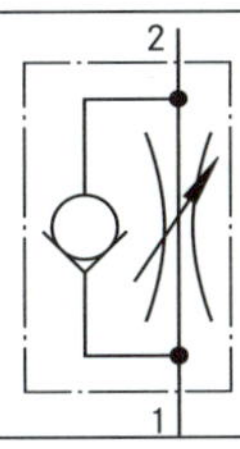		
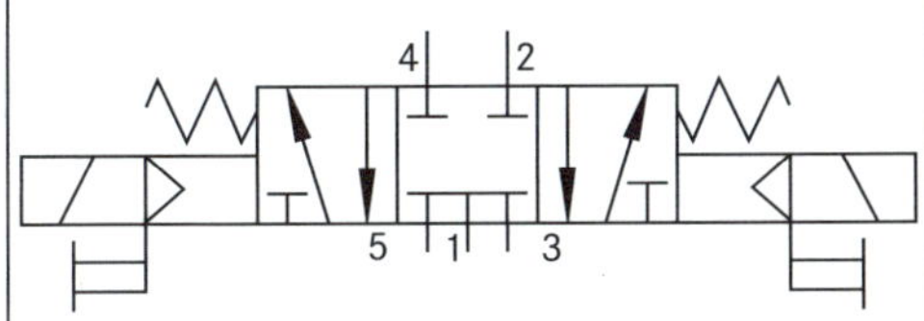		

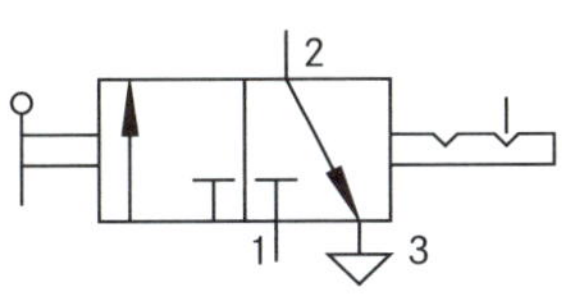		
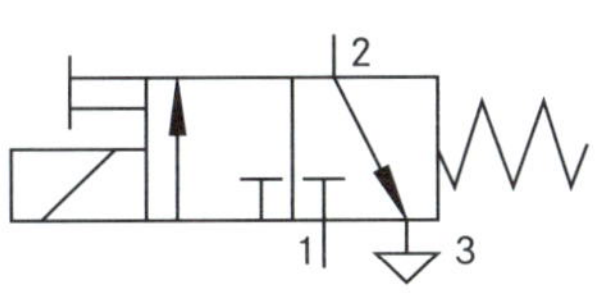		
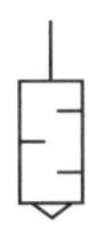		

Name	Klasse	Datum

2. Untersuchen Sie den Aufbau und die Funktion der Aufbereitungseinheit 0Z1. Geben Sie dazu die Benennung der einzelnen Bauglieder an und beschreiben Sie deren jeweilige Aufgabe.

Schaltzeichen	Benennung der Bauglieder	Aufgabe der Bauglieder
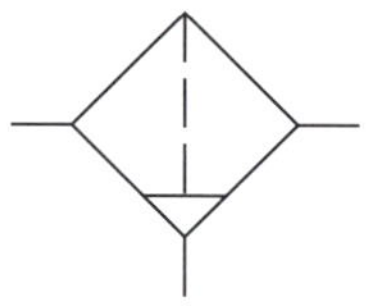		
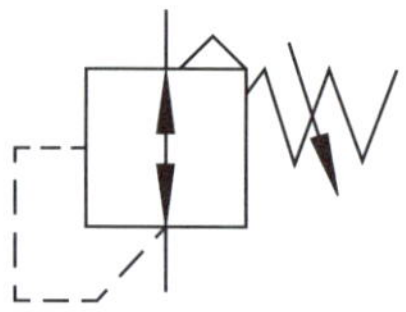		

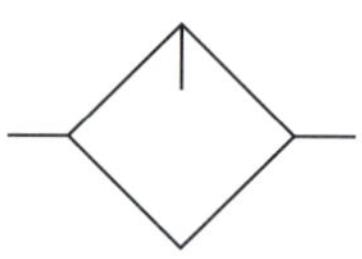		

3. In dem Schaltplan ist die Aufbereitungseinheit durch ein ausführliches Symbol dargestellt. Erstellen Sie von der Aufbereitungseinheit eine Skizze mit dem vereinfachten Symbol.

4. Beschreiben Sie die Funktion von Bauteil 2V3 in der Schaltung.

Name	Klasse	Datum

5. Beschreiben Sie die Funktionsweise des Ventils 2V1 in der Schaltung.

6. Welche Schaltstellung nimmt das Ventil 2V1 bei einem Stromausfall ein? Beschreiben Sie auch die Auswirkungen auf das Antriebsglied 2A2.

7. Geben Sie an, wann der Schalter 1B1 betätigt wird.

Name	Klasse	Datum

8. Stellen Sie den Steuerungsablauf der Entladeeinrichtung im Funktionsplan GRAFCET dar. Kommentieren Sie auch die jeweiligen Aktionen und Übergangsbedingungen.

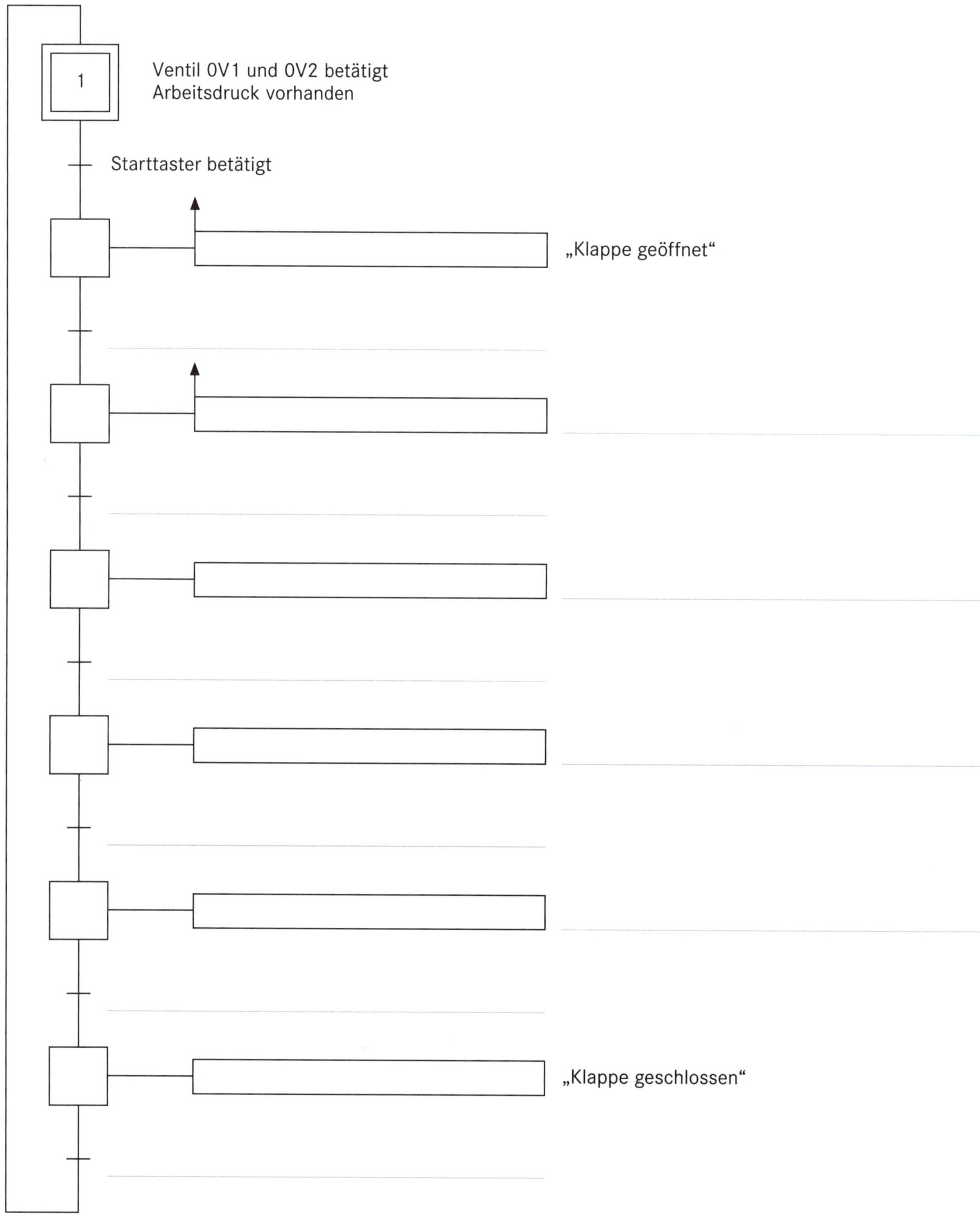

Name	Klasse	Datum

9. Berechnen Sie die Kolbenkraft für den Zylinder 3A1 beim Ausfahren und beim Einfahren. Der Zylinder hat einen Kolbenstangendurchmesser von 10 mm. Der Wirkungsgrad des Zylinders beträgt 85 %.

Name	Klasse	Datum

10. Berechnen Sie den Luftverbrauch der Entladeeinrichtung in einer Stunde, wenn fünfundvierzigmal pro Stunde ein abgestochenes Werkstück entladen werden muss.

11. Der tatsächliche Luftverbrauch kann bis zu 25 % höher sein als der errechnete Luftverbrauch. Geben Sie die Gründe dafür an.

Name	Klasse	Datum

Warten und Inspizieren der pneumatischen Anlage

1. Vor Arbeitsbeginn ist der Arbeitsdruck der pneumatischen Anlage zu überprüfen. An welchem Bauteil ist der Druck abzulesen und wie hoch muss der Druck eingestellt sein?

2. Geben Sie die Auswirkungen eines falsch eingestellten Arbeitsdruckes an.

3. Welche Wartungsarbeiten sind an der Aufbereitungseinheit 0Z1 vorzunehmen?

4. Beschreiben Sie die Folgen für die pneumatische Anlage, wenn der Kondensatablass nicht ordnungsgemäß geleert wird.

Name	Klasse	Datum

5. Beschreiben Sie die Folgen für die pneumatische Anlage, wenn der Öler ohne Öl betrieben wird.

6. Die pneumatische Anlage ist regelmäßig zu inspizieren. Geben Sie die zu inspizierenden Bauteile und die Art der Tätigkeiten an.

7. Wie lassen sich Undichtheiten an den Schlauchleitungen bzw. Schlauchverbindungen feststellen?

8. Welche Folgen haben Leckagen an der pneumatischen Anlage?

Name	Klasse	Datum

1. Geben Sie die Bauteilnummern und die vollständige Benennung der Bauglieder des Hydraulikaggregates an.

Schaltzeichen	Bauteilnummer	Benennung der Bauglieder

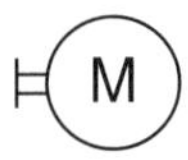		

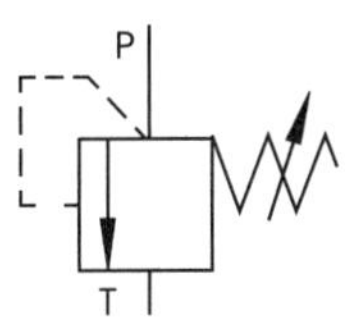		

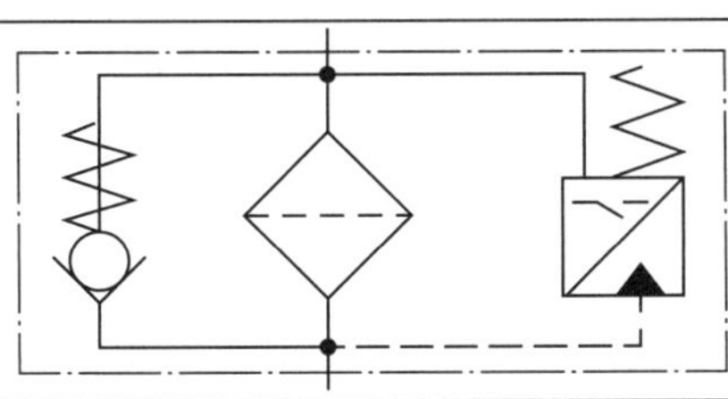		

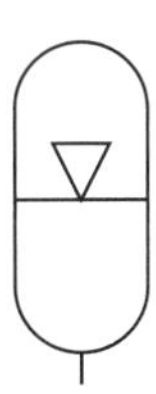		

Name	Klasse	Datum

2. Woran erkennt man am Schaltplan, welche Bauteile zum Hydraulikaggregat gehören?

3. Geben Sie die Bauteilnummern und die vollständige Benennung der Bauglieder in der hydraulischen Steuerung an.

Schaltzeichen	Bauteilnummer	Benennung der Bauglieder
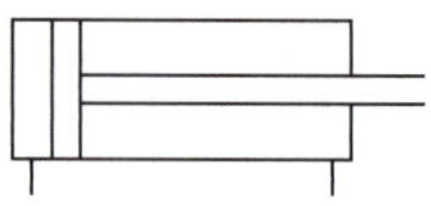		
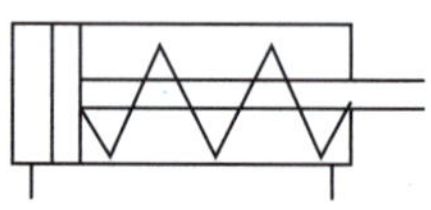		
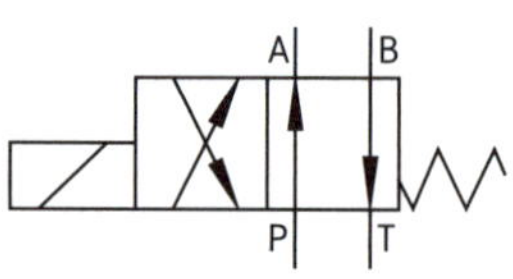		
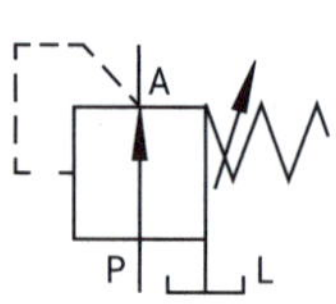		
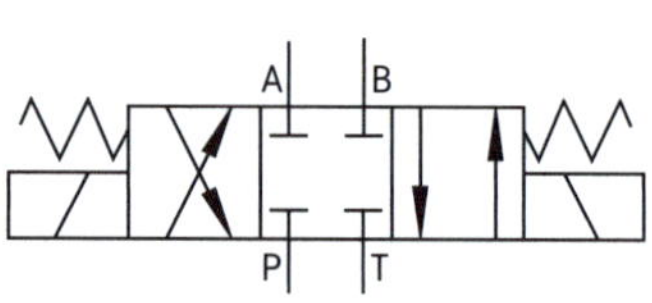		

Name	Klasse	Datum

4. Erklären Sie die im Schaltplan angegebenen technischen Daten.

Technische Daten	Erklärung
V = 40 l	
HLP32	
P = 1,5 kW	
n = 1450 1/min	
$\dot{V}$ = 14 l/min	
p = 50 bar	
p = 30 bar	

5. Die Leitungen in der hydraulischen Anlage sind mit unterschiedlichen Buchstaben gekennzeichnet. Geben Sie die Kennzeichnung an und beschreiben Sie die Leitungsart.

Kennzeichnung	Leitungsart

6. Erklären Sie die Aufgabe folgender Druckventile in der Schaltung:

a) Ventil 0V2

b) Ventil 2V1

Name	Klasse	Datum

7. Erläutern Sie die Aufgabe und die Funktionsweise von Bauteil 0Z2 in der Anlage.

8. Erläutern Sie die Funktionsweise von Ventil 2V2 in der Schaltung.

9. Beschreiben Sie den Kreislauf der Hydraulikflüssigkeit in der Ausgangsstellung

10. Beschreiben Sie den Strom der Hydraulikflüssigkeit beim Ausfahren des Zylinders zum Öffnen bzw. Schließen des Spannfutters.

Name	Klasse	Datum

Warten und Inspizieren der hydraulischen Anlage

1. Bei einer Wartung ist die Hydraulikflüssigkeit zu wechseln. Wie viel Liter sind zu entsorgen und welche Ölsorte ist aufzufüllen?

2. Erläutern Sie die Bezeichnung der eingesetzten Hydraulikflüssigkeit.

3. Geben Sie die Tätigkeiten an, die bei einer regelmäßigen Kurzinspektion des Hydraulikaggregates durchzuführen sind?

4. Wie können Verschmutzungen in die Hydraulikflüssigkeit gelangen?

5. Geben Sie mögliche Folgen an, wenn die Anlage mit einem verstopften Filter betrieben wird.

Name	Klasse	Datum

6. Weshalb soll die Inspektion bei eingeschaltetem Hydraulikaggregat erfolgen?

7. Worauf ist bei der Inspektion von Rohr- und Schlauchleitungen zu achten?

   Rohrleitungen:

   Schlauchleitungen:

8. Was ist bei einer Kurzinspektion der Ventile zu überprüfen?

9. Sie stellen bei der Inspektion der Hydraulikanlage einen sichtbaren Schaden fest. Welche Maßnahmen ergreifen Sie?

Name	Klasse	Datum

Inbetriebnehmen der automatischen Entladeeinrichtung

1. Erläutern Sie, weshalb bei Montage- und Einstellarbeiten die pneumatische Anlage stets drucklos zu schalten ist.

2. An welchem Bauteil kann die pneumatische Anlage drucklos geschaltet werden?

3. An welchem Bauteil stellen Sie den Betriebsdruck von 6 bar ein?

4. An welchen Bauteilen werden die Schwenkzeiten für den Schwenkarm eingestellt?

   Zeit zum Vorschwenken:

   Zeit zum Rückschwenken:

5. Welche Art der Luftdrosselung liegt bei dem Schwenkzylinder vor? Beschreiben Sie die Vorteile dieser Drosselungsart.

   Art der Drosselung:

   Vorteile:

Name	Klasse	Datum

6. Beschreiben Sie, wie der Öldruck für das Spannfutter eingestellt werden kann.

7. Beschreiben Sie die auszuführenden Schritte bei der Gesamtinbetriebnahme der automatischen Entladeeinrichtung.

8. Bei der Inbetriebnahme wird das abgestochene Drehteil zwar sicher aufgefangen, aber gleichzeitig befinden sich viele Späne vom Abstechvorgang in der Auffangwanne.

   a) Geben Sie die Ursache dafür an, dass viele Späne aufgefangenen werden.

   b) Beschreiben Sie mögliche Auswirkungen der Späne auf den Prozess.

   c) Beschreiben Sie Maßnahmen zu Optimierung.

Name	Klasse	Datum

SPANNZANGENFUTTER 8A

Verwendung

Mit dem abgebildeten Spannzangenfutter werden in einer CNC-Graviermaschine die verschiedenen Gravierstichel in der Hauptspindel gespannt. In dem Spannzangenfutter können durch Auswechseln der Spannzange Gravierstichel unterschiedlicher Durchmesser gespannt werden. Das Spannzangenfutter wird in der Maschine pneumatisch gespannt.

Gesamtauftrag

Für eine Weiterentwicklung der CNC-Graviermaschine müssen neue Spannzangen in Serie gefertigt werden. Das Spannzangenfutter wird auf einer Drehmaschine mit angetriebenen Werkzeugen gefertigt. Für die Fertigung des Spannzangenfutters ist ein CNC-Programm zu erstellen.

Arbeitsaufträge

Für die Durchführung des Gesamtauftrags sind folgende Arbeitsaufträge auszuführen:

8A.1 Analysieren der technischen Unterlagen

8A.2 Auswählen der Bohr-, Fräs- und Drehwerkzeuge

8A.3 Erstelllen eines Arbeitsplanes für die CNC-Fertigung

8A.4 Erstelllen des CNC-Programms

8A.5 Erstellen des Prüfplans

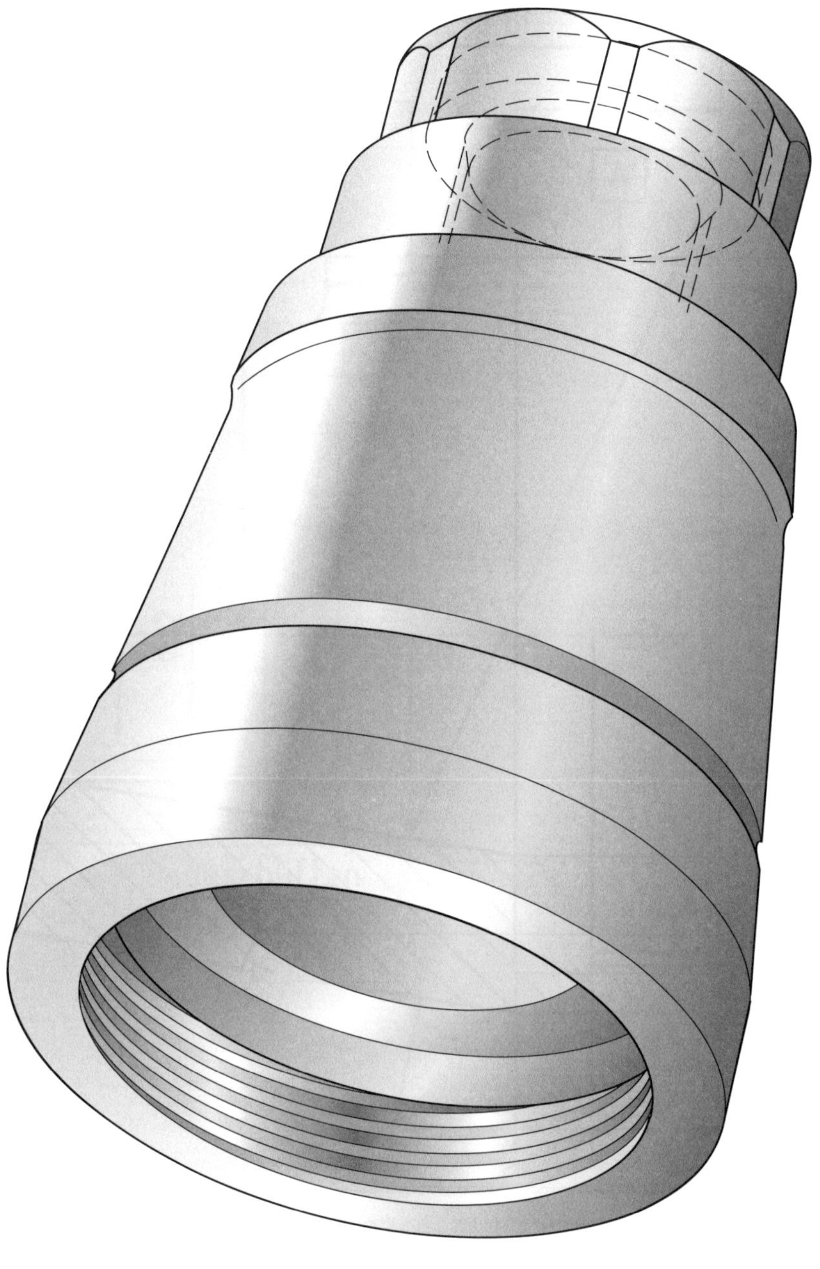

Analysieren der technischen Unterlagen

8A.1

1. Im Schriftfeld der technischen Zeichnung des Spannzangenfutters befindet sich die Angabe des Werkstoffes.

   Bestimmen Sie

   die Stahlsorte:

   die Zugfestigkeit unbehandelt:

   die Zugfestigkeit vergütet:

   die Härte:

   die Dehngrenze:

   die chemische Zusammensetzung:

2. Erklären Sie die Bedeutung der Oberflächenangaben in der technischen Zeichnung des Spannzangenfutters. Erläutern Sie dabei alle Angaben zur Schleifbearbeitung in der technischen Zeichnung des Spannzangenfutters.

Name	Klasse	Datum

3. Erläutern Sie die angegebenen geometrischen Tolerierungen.

toleriertes Element	tolerierte Eigenschaft	Toleranzwert	Bezugselement

4. In die Bohrung Ø 14 H7 am oberen Ende des Spannzangenfutters wird ein Anzugbolzen mit dem Maß Ø 14h6 eingeschraubt.

   Bestimmen Sie

   a) das obere und untere Abmaß des Anzugbolzens in mm:

   es: ei:

   b) das obere und untere Abmaß der Bohrung im Spannzangenfutter in mm:

   ES: EI:

   c) das Höchst- und Mindestspiel bzw. das Höchst- und Mindestübermaß der entstehenden Passung in mm:

   d) die Passungsart

Name	Klasse	Datum

5. Erläutern Sie die Angaben zu den Werkstückkanten in der technischen Zeichnung des Spannzangenfutters.

   Werkstückinnenkanten:

   Werkstückaußenkanten:

6. Die technische Zeichnung des Spannzangenfutters enthält Angaben zur Wärmebehandlung.

   a) Erläutern Sie diese Angaben:

   b) Beschreiben Sie den Ablauf des geforderten Wärmebehandlungsverfahrens:

   Ablauf:

   Vorteile:

Name	Klasse	Datum

7. Für das Erstellen des Programms und des Prüfplans müssen die Maßtoleranzen ermittelt werden.
   Tragen Sie in die Tabelle für alle nach DIN ISO 2768 tolerierten Maße das Höchst- und das Mindestmaß ein.

Nennmaß in mm oder °	**Maßart** (Längenmaß, Radius und Fase, Winkelmaß)	**Höchstmaß** in mm oder °	**Mindestmaß** in mm oder °	**Toleranz** in mm oder °
64	Längenmaß	64,15	63,85	0,3

Name Klasse Datum

1. Die CNC-Drehmaschine ist mit folgenden Bohr- und Drehwerkzeugen bestückt. Bestimmen Sie die für die Fertigung verwendeten Werkzeuge und tragen Sie den jeweiligen Fertigungsschritt in die Tabelle ein.

Werkzeugnummer	**T1** 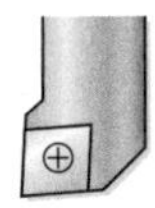	**T2** 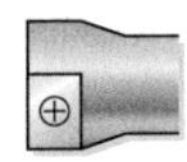	**T3** 	**T4** 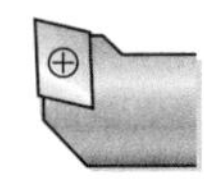
Benennung des Werkzeugs	Längs- und Querdrehmeißel	Vollbohrer	Längs- und Querdrehmeißel	Längs- und Querdrehmeißel
Durchmesser *D* in mm	–	30 mm	–	–
QuerauslageQ	–	–	–	20 mm
Schneidenradius	0,8 mm	–	0,4 mm	0,8 mm
Schnittgeschwindigkeit in m/min	200 m/min	120 m/min	200 m/min	180 m/min
Schnitttiefe a_p = max.	2,5 mm	–	2,5 mm	1,5 mm
Schneidstoff	P10	P10	P10	P10
Vorschub je Umdrehung	0,1 - 0,3 mm	0,18 mm	0,1 - 0,3 mm	0,1 - 0,2 mm
Fertigungsschritt				

Werkzeugnummer	**T5** 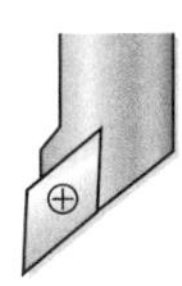	**T6** 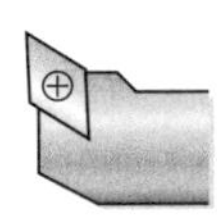	**T7** 	**T8** 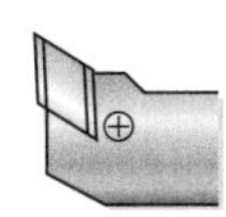
Benennung des Werkzeugs	Formdrehmeißel 55°	Formdrehmeißel	Stechdrehmeißel	Formdrehmeißel
Durchmesser *D* in mm	–	–	–	–
Querauslage *Q*	–	20 mm		8,5 mm
Schneidenradius	0,8 mm	0,4 mm	–	0,4 mm
Schnittgeschwindigkeit in m/min	200 m/min	180 m/min	140 m/min	140 m/min
Schnitttiefe a_p = max.	2,5 mm	1,5 mm	–	0,5 mm
Schneidstoff	P10	P10	P10	P10
Vorschub je Umdrehung	0,1 - 0,3 mm	0,1 - 0,2 mm	–	0,05 - 0,1 mm
Fertigungsschritt				

Name	Klasse	Datum

Werkzeugnummer	**T9** 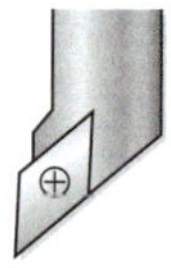	**T10** 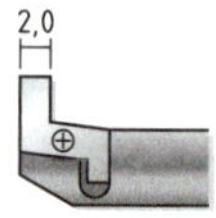	**T11** 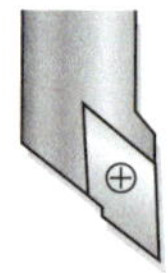	**T12** 
Benennung des Werkzeugs	Formdrehmeißel 35°	Stechbohrstange	Formdrehmeißel	Gewinde-drehmeißel 60°
Durchmesser *D* in mm	-	-	-	-
Querauslage *Q*	-	9 mm	-	-
Schneidenradius	0,8 mm	-	0,4 mm	-
Schnittgeschwindigkeit in m/min	240 m/min	140 m/min	240 m/min	30 m/min
Schnitttiefe a_p = max.	0,5 mm	-	0,5 mm	-
Schneidstoff	P10	P10	P10	P10
Vorschub je Umdrehung	0,1 - 0,2 mm	0,05 - 0,1 mm	0,1 - 0,2 mm	-
Fertigungsschritt				

Werkzeugnummer	**T13** 	**T14** 	**T15** 	**T16** 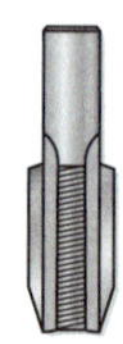
Benennung des Werkzeugs	Formdrehmeißel	Spiralbohrer	Schaftfräser $z = 2$	Gewindebohrer
Durchmesser *D* in mm	-	8,5 mm	10 mm	M10 x 0,5
Querauslage *Q*	-	-	-	-
Schneidenradius	1,5 mm	-	-	-
Schnittgeschwindigkeit in m/min	80 m/min	30 m/min	60 m/min	30 m/min
Schnitttiefe a_p = max.	0,5 mm	-	-	-
Schneidstoff	P10	HSS	HSS	HSS
Vorschub	0,1 - 0,2 mm	0,1 mm	f_z 0.06	-
Fertigungsschritt				

Name	Klasse	Datum

Erstellen eines Arbeitsplanes für die CNC-Fertigung

1. Das Spannzangenfutter soll auf einer Drehmaschine mit angetriebenen Werkzeugen gefertigt werden.

   a) Erstellen Sie eine Spannfolge und begründen Sie Ihre Entscheidung.

   b) Bestimmen Sie geeignete Werkstückspannmittel für die Herstellung des Spannzangenfutters.

2. Beschreiben Sie, welche Einrichtarbeiten nach dem Einschalten der CNC-Drehmaschine zu verrichten sind.

Name	Klasse	Datum

3. Erstellen Sie einen Arbeitsplan für die Fertigung des Spannzangenfutters.

westermann	**Arbeitsplan**	Blatt-Nr.	Anzahl

Benennung: ______ **Zeichn.-Nr.** ______ **Sach.-Nr.** ______ **Halbzeug:** ______	**Auftragsnr.:** ______ **Stückzahl:** ______ **Termin:** ______	**Name:** ______ **Klasse/Gr.:** ______ **Kontr.-Nr.:** ______
☐ **Einzelteil** ☐ **Montage/Demontage**		

Lfd. Nr.	Arbeitsvorgang	Arbeitsmittel	Arbeitswerte/ Bemerkungen
1	Prüfen der Rohmaße		
2	Spannen des Werkstücks		
3	Festlegen des Werkstücknullpunkts		

Name	Klasse	Datum

1. Vervollständigen Sie das Programm nach DIN/PAL für die Herstellung des Spannzangenfutters. Programmieren Sie alle Passmaße auf Toleranzmitte. Die grau hinterlegten Felder im Programm sind auszufüllen. Zeilen die in der Satznummer schwarz umrandet sind, sind ohne die Vorgabe grauer Felder auszufüllen.

Satz-Nr. **N**	Weg-bedingung **G**	Koordinaten X/XI/XA	Koordinaten Y/YI/YA	Koordinaten Z/ZI/ZA	Zusätzliche Befehle und Adressen	Schalt-funktion **M**
1	G54					
2	G92				S3000	
3	G14				H0	
4	G97				S700 F0.3 T14	
5	G0	X0		Z2		
6				ZI-90	F0.2 V1	M8
7	G14					M9
8	G96				S250 F0.25 T8	
9	G0	X10		Z5		M8
10					D1 H3 AK0.1	
11	G1			Z1		
12				Z-9.6		
13						
14		X10				
15				Z-44.9		
16		X9.4				

Name	Klasse	Datum

Satz-Nr. **N**	Weg-bedingung **G**	Koordinaten			Zusätzliche Befehle und Adressen											Schalt-funktion **M**
		X/XI/XA	Y/YI/YA	Z/ZI/ZA												
17				Z -70												
18	G80															
19	G23											H1		N15		
20	G0			Z5												
21												H1				M9
22	G96				S140						T10					
23	G0	X28		Z5												M8
24	G1			Z -8.5												
25																
26																
27		X22														
28	G0			Z 44.4												
29	G1															
30				Z-44.9												
31		X9														

Name Klasse Datum

Satz-Nr. **N**	Weg-bedingung **G**	Koordinaten			Zusätzliche Befehle und Adressen											Schalt-funktion **M**
		X/XI/XA	Y/YI/YA	Z/ZI/ZA												
32	G0			Z5												
33	G14											H2				
34	G96				S200		F0.2				T1					
35	G0	X41		Z2												M8
36	G1			Z0.2												
37		X28														
38	G0			Z1												
39		X41														
40				Z0												
41	G1	X28				F0.1										
42	G14	X11										H2				M9
43	G96				S120						T12					
44	G0	X30.5		Z3												
45	G31															
46	G14	X9														M9

Name Klasse Datum

Satz-Nr. N	Wegbedingung G	Koordinaten X/XI/XA	Koordinaten Y/YI/YA	Koordinaten Z/ZI/ZA	Zusätzliche Befehle und Adressen											Schaltfunktion M
47	G96				S200		F0.2				T1					M4
48	G0	X40		Z3												M8
49																
50	G1	X36		Z0												
51				Z-85												
52																M9
53	G30															
54	G55															
55	G14															
56	G96				S80		F0.3				T7			E0.1		
57	G0	X37		Z0.5												
58	G1	X0														
59	G0	Z1														
60	G14															M9
61	G96				S200		F0.3				T1					
62	G0	X37		Z0										E0.1		M8

Name	Klasse	Datum

Satz-Nr. N	Weg-bedingung G	Koordinaten X/XI/XA	Y/YI/YA	Z/ZI/ZA	Zusätzliche Befehle und Adressen											Schalt-funktion M
63	G1	X.1.6														
64	G14															M9
65	G96				S240		F0.2				T8					
66	G0	X13		Z4												M8
67	G81								D1				AX0.4			
68	G1	X14.05		Z0												
69																
70		X11.4														
71																
72				Z-22												
73																M9
74	G23												N67	N71		M8
75	G0			Z5												
76	G14															M9
77					S30						T16					M3
78	G0	X45														

Name Klasse Datum

Satz-Nr. **N**	Weg-bedingung **G**	Koordinaten			Zusätzliche Befehle und Adressen											Schalt-funktion **M**
		X/XI/XA	Y/YI/YA	Z/ZI/ZA												
79	G0	X0		Z3												
80																
81	G14															
82	G96				S200											
83	G0	X36		Z2												M8
84									D1.5			H3	Ak0.4			
85	G1	X19.2		Z0												
86				Z-8												
87		X20.1														
88				Z-16				RN1								
89		X23.83														
90		X36		Z-54.4												
91																
92	G23															
93	G14															M9
94	G96				S80		F0.2				T13					M8

Name Klasse Datum

Satz-Nr. **N**	Weg-bedingung **G**	Koordinaten X/XI/XA	Koordinaten Y/YI/YA	Koordinaten Z/ZI/ZA	Zusätzliche Befehle und Adressen											Schalt-funktion **M**
95	G0	X36		Z-46												
96	G1	X32.07														
97		X30,81		Z-49				I0	K-2							
98	G1	X36														
99	G14															
100	G96				S200		F0.3				T11					
101	G0	X36		Z-44												M8
102	G1	X32.70														
103		X26.86		Z-22				RN1								
104	G0	X18.66		Z1												
105	G1			Z0												
106	G1	X19.2		-1												
107	G14															M9
108	G17															
109					S2500		F0.3				T15					M3
110	G0	X18.5	Y11	-7.5												

Name	Klasse	Datum

Satz-Nr. N	Weg-bedingung G	Koordinaten X/XI/XA	Y/YI/YA	Z/ZI/ZA	Zusätzliche Befehle und Adressen											Schalt-funktion M
111	G1		Y -11													M8
112						C60										
113			Y11													
114						C120										
115			Y-11													
116																
117																
118																
119																
120						C300										
121			Y11													
122	G1	X18		Z-8												
123																
124	G14															
125	G18												H0			
126																

Name Klasse Datum

1. Erstellen Sie für die Welle einen Prüfplan mit werkstattüblichen Prüfmitteln. Eine Koordinatenmessmaschine steht nicht zur Verfügung.

westermann	Prüfplan	Blatt-Nr.	Anzahl

Nr.	Messgröße	Maßangabe nach Zeichnung	Grenzabmaße	Toleranz	Prüfgerät	Bemerkungen

Name	Klasse	Datum

Nr.	Messgröße	Maßangabe nach Zeichnung	Grenz-abmaße	Toleranz	Prüfgerät	Bemerkungen

Name Klasse Datum

FORMEINSATZ

8B

Verwendung

Mit dem dargestellten Spritzgießwerkzeug soll ein Chiphalter für einen Einkaufschip als Schlüsselanhänger hergestellt werden.

Bei dem Chiphalter handelt es sich um ein Massenteil aus Kunststoff (Thermoplast).

Für die Herstellung wird der Kunststoff erwärmt und im fließfähigen Zustand in das Spritzgießwerkzeug eingespritzt.

Nach dem Abkühlen wird das Spritzgießwerkzeug geöffnet und das Kunststoffteil aus dem Werkzeug ausgestoßen.

Gesamtauftrag

Zur Herstellung des Chiphalters ist ein neues Spritzgießwerkzeug anzufertigen.

Der Formeinsatz ist durch Fräsen und Bohren auf einer CNC-Fräsmaschine zu fertigen.

Die Konturtasche des Formeinsatzes wird nur vorgefräst und anschließend durch Erodieren fertigbearbeitet.

Arbeitsaufträge

Zum Erfüllen des Gesamtauftrages sind folgende Einzelaufträge auszuführen:

8B.1 Analysieren der Zeichnung

8B.2 Erstellen einer CNC-gerechten Bemaßung

8B.3 Auswählen der Bohr- und Fräswerkzeuge

8B.4 Erstellen eines Spannplans

8B.5 Erstellen eines Arbeitsplanes für das CNC-Fräsen

8B.6 Erarbeiten des CNC-Programms

Spritzgießwerkzeug

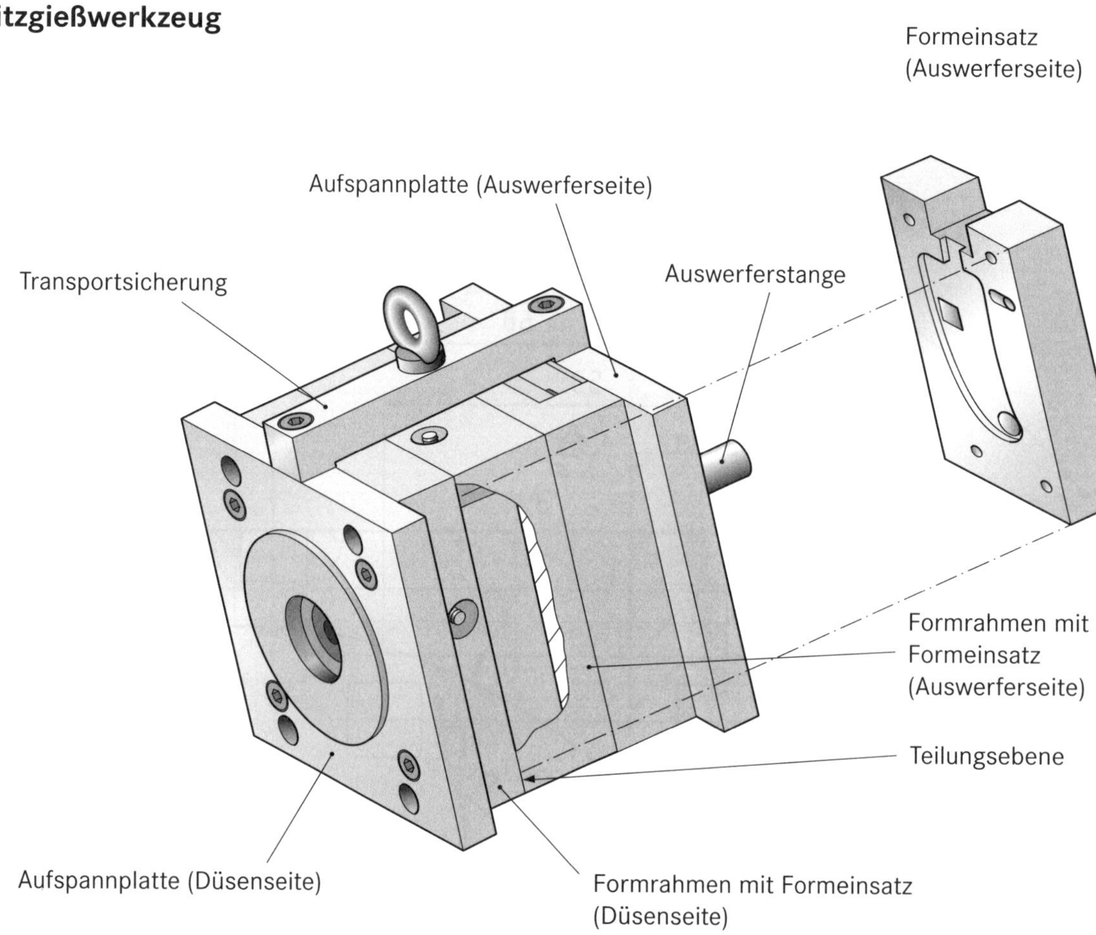

Chiphalter

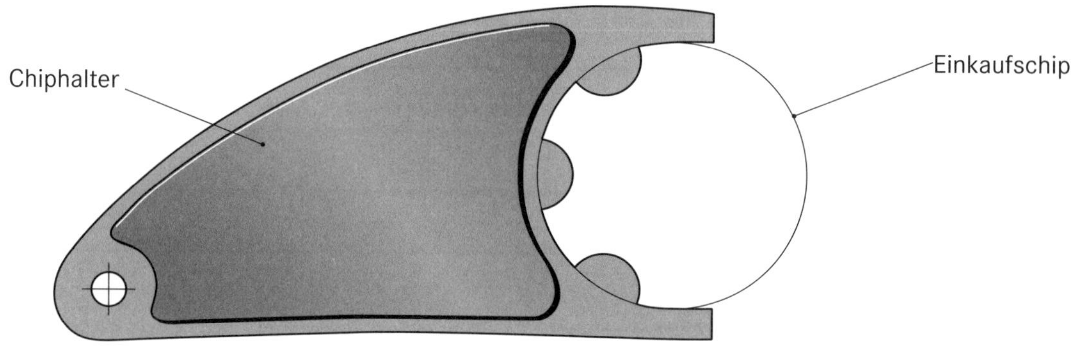

Vorgefräster Formeinsatz

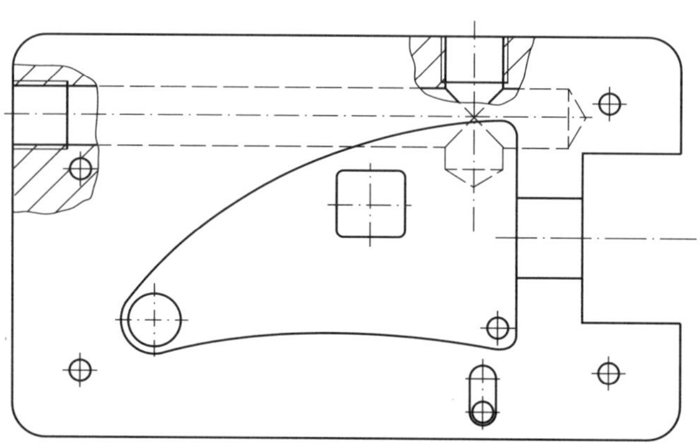

Erodierter Formeinsatz

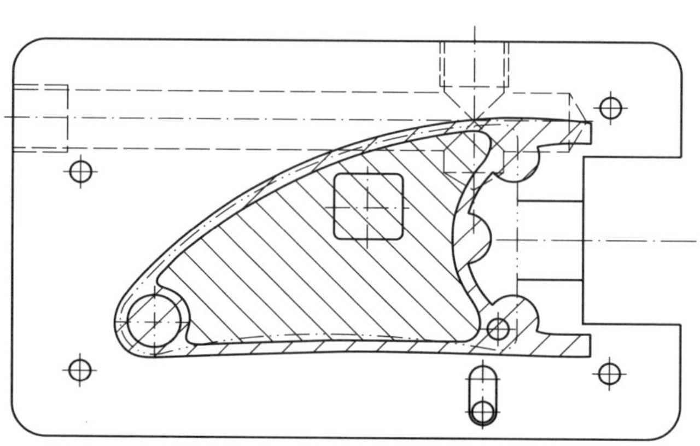

Analysieren der Zeichnung

1. In der Zeichnung ist der Werkstoff X37 CrMoV5-1 angegeben.
   Bestimmen Sie:

   Stahlsorte:

   chemische Zusammensetzung:

   Werkstoffnummer:

   Härte vor der Wärmebehandlung:

2. Der Werkstoff soll nach der Bearbeitung gehärtet werden.
   Erklären Sie die Härteangabe aus der Zeichnung.

3. Beschreiben Sie den Ablauf der Wärmebehandlung, geben Sie dabei die Temperaturen und das Abschreckmittel an.

4. Die Härte des Werkstücks muss geprüft werden.
   a) Geben Sie das Härteprüfverfahren und den eingesetzten Prüfkörper an.

   b) Beschreiben Sie den Ablauf der Härteprüfung.

Name	Klasse	Datum

5. Erläutern Sie die Oberflächenangaben in der Zeichnung.

6. Erklären Sie die Angaben zu den Werkstückkanten.

7. Ermitteln Sie die Höchstmaße, Mindestmaße und Toleranzen für die in der Tabelle angegebenen Zeichnungsmaße. Geben Sie die Längenmaße in mm an.

Maßangabe in mm oder °	**Mindestmaß in mm oder °**	**Höchstmaß in mm oder °**	**Toleranz in mm oder °**
Ø 8H7			
15			
75 +0,1			
138°			

8. Erläutern Sie Gewindeangabe M10x1x8/83.

M10

1

8

83

Name	Klasse	Datum

Erstellen einer CNC-gerechten Bemaßung

1. Erstellen Sie für die fehlenden Maße in der Draufsicht des Formeinsatzes eine steigende Bemaßung nach DIN 406. Die Koordinaten und Maße für die Bohrungen sind in der Tabelle anzugeben.

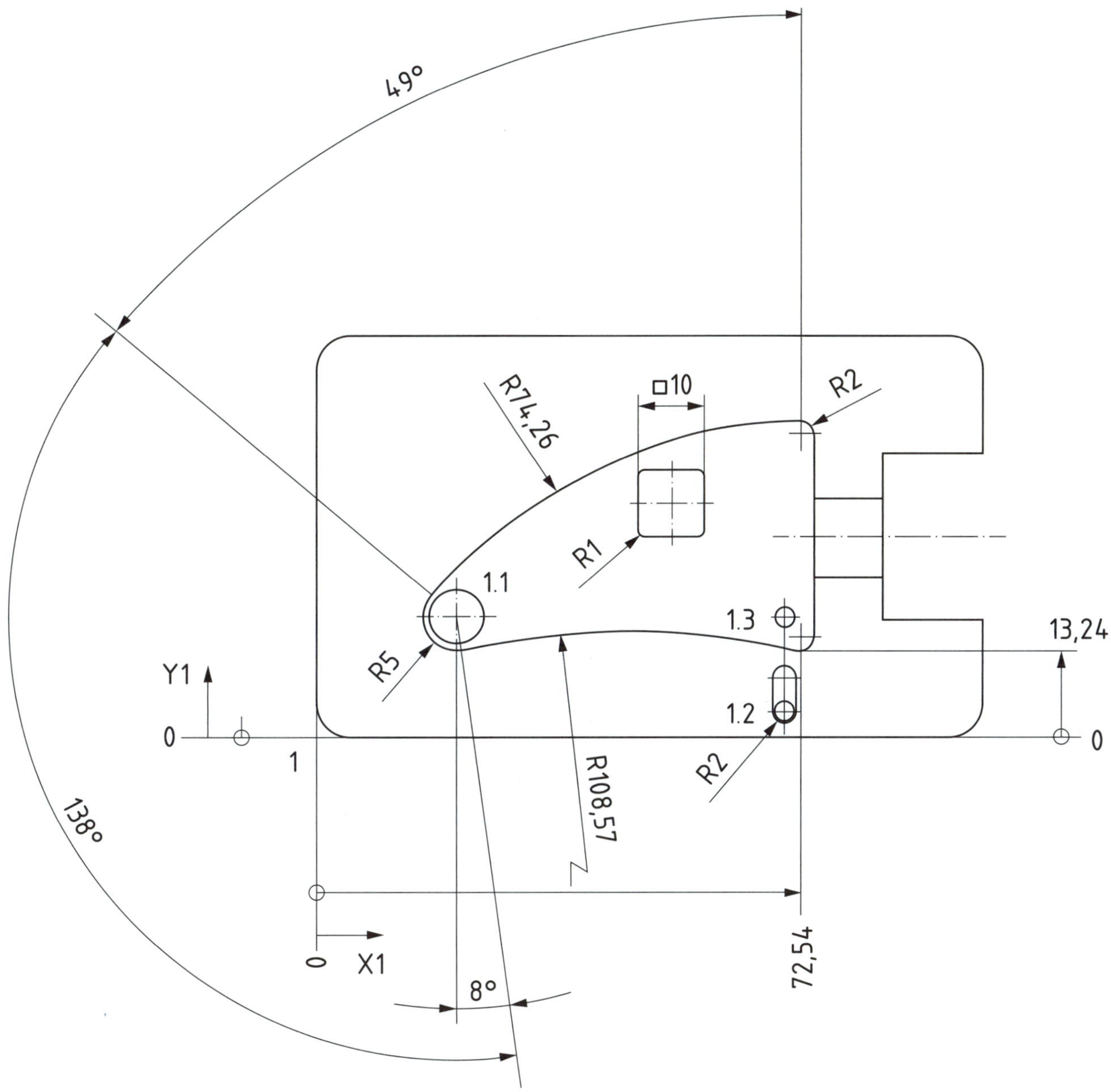

Koordinatentabelle für Bohrungsmittelpunkte:

Koordinaten-ursprung	Pos.	Koordinaten			Bemerkungen
		X	Y	Z	
1					
1					
1					
1					

Name	Klasse	Datum

Auswählen der Bohr- und Fräswerkzeuge

1. Die zur Bearbeitung des Formeinsatzes eingesetzte CNC-Fräsmaschine ist mit einem Kettenmagazin ausgestattet.
   Geben Sie die Vorteile eines Kettenmagazins gegenüber einem Ringmagazin an.

2. Bevor das Werkzeug in das Werkzeugmagazin eingesetzt wird, soll es mit einem Werkzeugvoreinstellgerät vermessen werden.

   a) Welche Werkzeuggrößen werden ermittelt?

   b) Zeichnen Sie die Werkzeuggrößen in die Skizze des Fräswerkzeuges ein.

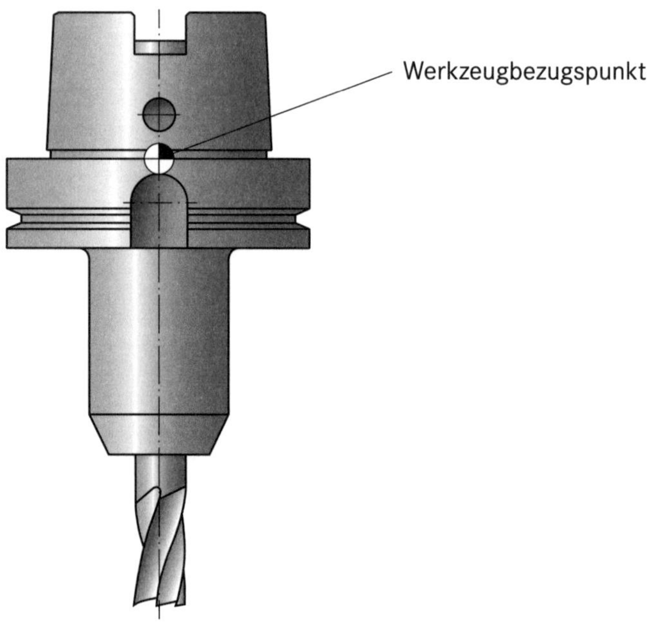

3. Warum ist eine Vermessung der Werkzeuge notwendig?

Name	Klasse	Datum

4. Die CNC-Fräsmaschine ist mit folgenden Bohr- und Fräswerkzeugen bestückt.
   Wählen Sie die für die Fertigung notwendigen Werkzeuge aus und tragen Sie den Fertigungsschritt in die Tabelle ein. Geben Sie weiterhin die notwendigen Schnittdaten an.

Werkzeugnummer	**T1** 	**T2** 	**T3** 	**T4** 
Benennung des Werkzeuges	NC-Anbohrer-90°	NC-Anbohrer-90°	Spiralbohrer	Spiralbohrer
Werkzeugdurchmesser	10 mm	3 mm	3,2 mm	2,8 mm
Schnittgeschwindigkeit in m/min				
Umdrehungsfrequenz in 1/min				
Maximale Schnitttiefe in mm				
Anzahl der Schneiden				
Vorschubgeschwindigkeit in mm/min				
Schneidstoff				
Fertigungsschritt				

Name	Klasse	Datum

Werkzeugnummer	**T5** 	**T6** 	**T7** 	**T8** 
Benennung des Werkzeuges	Spiralbohrer	Spiralbohrer	Maschinenreibahle	Maschinenreibahle
Werkzeugdurchmesser	7,8 mm	9 mm	3H7 mm	8H7 mm
Schnittgeschwindigkeit in m/min				
Umdrehungsfrequenz in 1/min				
Maximale Schnitttiefe in mm				
Anzahl der Schneiden				
Vorschubgeschwindigkeit in mm/min				
Schneidstoff				
Fertigungsschritt				

Werkzeugnummer	**T9** 	**T10** 	**T11** 	**T12** 
Benennung des Werkzeuges	Maschinen-gewindebohrer	Maschinen-gewindebohrer	Schaftfräser Stirnschneiden mit Zentrumsschnitt	Microfräser
Werkzeugdurchmesser	M4	M10	4 mm	2 mm
Schnittgeschwindigkeit in m/min				
Umdrehungsfrequenz in 1/min				
Maximale Schnitttiefe in mm				
Anzahl der Schneiden				
Vorschubgeschwindigkeit in mm/min				
Schneidstoff				
Fertigungsschritt				

Name	Klasse	Datum

Werkzeugnummer	**T13** 	**T14** 	**T15** 
Benennung des Werkzeuges	Langlochfräser	Langlochfräser	Schaftfräser
Werkzeugdurchmesser	3 mm	8 mm	8 mm
Schnittgeschwindigkeit in m/min			
Umdrehungsfrequenz in 1/min			
Maximale Schnitttiefe in mm			
Anzahl der Schneiden			
Vorschubgeschwindigkeit in mm/min			
Schneidstoff			
Fertigungsschritt			

Werkzeugnummer	**T16** 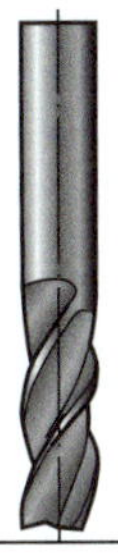	**T17** 	**T18** 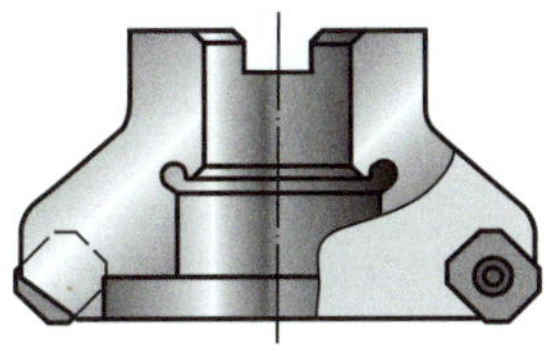
Benennung des Werkzeuges	Schaftfräser	Schaftfräser	Planfräser
Werkzeugdurchmesser	16 mm	32 mm	80 mm
Schnittgeschwindigkeit in m/min			
Umdrehungsfrequenz in 1/min			
Maximale Schnitttiefe in mm			
Anzahl der Schneiden			
Vorschubgeschwindigkeit in mm/min			
Schneidstoff			
Fertigungsschritt			

Name	Klasse	Datum

1. Erstellen Sie einen Spannplan für die Bearbeitung des Formeinsatzes und benennen Sie die Fertigungsschritte, welche in der jeweiligen Aufspannung ausgeführt werden.

   Hinweise zur Kennzeichnung der Schraubstockbacken und Parallelunterlagen in den Skizzen:

   $\xrightarrow{f}$ – Fester Spannbacken/Spannrichtung wird durch die Pfeilrichtung angegeben

   $\xrightarrow{b}$ – Beweglicher Spannbacken/Spannrichtung wird durch die Pfeilrichtung angegeben

   P – Parallelunterlagen

Aufspannung 1

Arbeitsschritte:

Name	Klasse	Datum

Aufspannung 2

Arbeitsschritte:

Aufspannung 3

Arbeitsschritte:

Name	Klasse	Datum

Aufspannung 4
Arbeitsschritte:

Aufspannung 5
Arbeitsschritte:

Aufspannung 6
Arbeitsschritte:

Name	Klasse	Datum

1. Erstellen Sie einen Arbeitsplan zur Fertigung des Formeinsatzes.

westermann	**Arbeitsplan**	**Blatt-Nr.** 1	**Anzahl** 2
Benennung: Formeinsatz **Zeichn.-Nr. Sach.-Nr.** ____ **Halbzeug:** Flachstab EN 10058-70x40x110 Stahl EN ISO 4957 – X37CrMoV5-1	**Auftragsnr.:** ____ **Stückzahl:** 1 **Termin:** ____	**Name:** ____ **Klasse/Gr.:** ____ **Kontr.-Nr.:** ____	
☒ **Einzelteil** ☐ **Montage/Demontage**			

Lfd. Nr.	**Arbeitsvorgang**	**Arbeitsmittel**	**Arbeitswerte/ Bemerkungen**

Name	Klasse	Datum

Erstellen eines Arbeitsplanes für das CNC-Fräsen

8B.5

Lfd. Nr.	Arbeitsvorgang	Arbeitsmittel	Arbeitswerte/ Bemerkungen

Name	Klasse	Datum

Die grau hinterlegten Felder im Programm sind auszufüllen. Zeilen, die in der Satznummer schwarz umrandet sind, sind vollständig auszufüllen.

Aufspannung 1

Satz-Nr. **N**	Wegbedingung **G**		Koordinaten X/XI/XA	Koordinaten Y/YI/YA	Koordinaten Z/ZI/ZA	Zusätzliche Befehle und Adressen											Schaltfunktion **M**
1	G54																
2						T18	S736	F680									
3	G0		X-150	Y0													
4					Z-2												
5																	
6				Y35													
7			X-150														
8	G0				Z100												M15
9						T17											
10	G59				ZA-2												
11	G0		X0	Y-56													M13
12					Z-28												
13	G45																
14	G1		X0	Y60						RN6							
15																	
16				Y0													

Name Klasse Datum

Satz-Nr. **N**	Wegbedingung **G**		Koordinaten X/XI/XA	Koordinaten Y/YI/YA	Koordinaten Z/ZI/ZA	Zusätzliche Befehle und Adressen											Schaltfunktion **M**
17																	
18	G2																
19	G48										R20	W100					
20	G0				Z100												
21						T13	S3716	F30									M8
22	G0		X65.09	Y35.425	Z2												M3
23	G1				Z-4												
24	G22																
25	G74				ZA-4	LP9	BP4	D2	V2	AK0.2	AL0.1	EP3	E30	H14			
26																	
27						T11											
28	G72				ZA-29	LP6	BP6	D3	V2	EP0	E80	H1					
29																	
30					T12												
31	G72			ZA-29				V2		E80							
32																	
33						T15											

Name Klasse Datum

Satz-Nr. **N**	Wegbedingung **G**		Koordninaten			Zusätzliche Befehle und Adressen											Schalt-funktion **M**
			X/XI/XA	Y/YI/YA	Z/ZI/ZA												
34	G72					LP20	BP12	D2	V2	EP0	E30	H14					
35																	
36						T2	S1379	F28									M13
37	G81																
38	G79		21.08	Y18.05	Z0	W50											
39	G95					T5											
40	G82																
41																	
42						T8											
43	G85				ZA-29	V2											
44																	
45	G94					T2	S1379	F28									M13
46	G81																
47	G79																
48						T4	S2273	F91									
49	G82				ZA-31	D5	V2										
50																	

Name Klasse Datum

Satz-Nr. **N**	Wegbedingung **G**		Koordinaten X/XI/XA	Koordinaten Y/YI/YA	Koordinaten Z/ZI/ZA	Zusätzliche Befehle und Adressen											Schaltfunktion **M**
51	G95					T7	S1592										
52	G85				ZA-29	V2											
53																	
54						T2	S1379	F28									M13
55	G81																
56	G79																
57							T4	S2273	F91								
58	G82				ZA-31	D5	V2										
59																	
60	G95					T7	S1592										
61	G85				ZA-29	V2											
62																	
63						T0											
64																	M30

Name Klasse Datum

Aufspannung 2

Satz-Nr. N	Wegbedingung G		Koordninaten			Zusätzliche Befehle und Adressen											Schalt-funktion M
			X/XI/XA	Y/YI/YA	Z/ZI/ZA												
1	G55																
2						T1	S955	F170									M13
3	G81				ZA-5	V2											
4																	
5						T6	S1062	F159									M13
6	G82																
7																	
8						T10	S319	F50									M13
9	G84				ZA-8			V2									
10																	
11	G0				Z50												
12						T0											
13																	M30

Name | Klasse | Datum

Aufspannung 3

Satz-Nr. **N**	Wegbedingung **G**		Koordinaten X/XI/XA	Koordinaten Y/YI/YA	Koordinaten Z/ZI/ZA	Zusätzliche Befehle und Adressen											Schalt-funktion **M**
1	G56																
2						T18	S756	F680									M13
3	G72					LP110	BP70			EP2	DB80	O1	H2	Q1	BS0		
4																	
5	G0				Z100												
6						T0											
7																	M30
8																	
9																	

Name Klasse Datum

Aufspannung 4

Satz-Nr. N	Wegbedingung G		Koordinaten			Zusätzliche Befehle und Adressen											Schalt-funktion M
			X/XI/XA	Y/YI/YA	Z/ZI/ZA												
1	G57																
2						T16	S995	F179									
3	G0		X0	X-10													
4					Z-15												
5				Y40													
6					Z2												
7			X12.5	Y-40													
8					Z-15												
9	G45		X-12.5	Y0		D20											
10																	
11																	
12			X12.5	Y-20													
13																	
14	G0				Z50												
15						T0											
16																	M30

Name | Klasse | Datum

Aufspannung 5

Satz-Nr. **N**	Wegbedingung **G**		Koordinaten X/XI/XA	Y/YI/YA	Z/ZI/ZA	Zusätzliche Befehle und Adressen											Schalt-funktion **M**
1	G54																
2						T1											
3	G81				ZA-2.1												
4			X11	Y10	Z0												
5																	
6																	
7																	
8																	
9																	
10																	
11					Z50												
12						T3	S1990	F159									
13	G81				ZA-16.2	V2											
14	G79		X11	Y10	Z0												
15																	
16																	

Name Klasse Datum

Satz-Nr. **N**	Wegbedingung **G**		Koordinaten X/XI/XA	Koordinaten Y/YI/YA	Koordinaten Z/ZI/ZA	Zusätzliche Befehle und Adressen											Schaltfunktion **M**
17																	
18																	
19																	
20																	
21																	
22						T9											
23	G84																
24	G79		X11	Y10	Z0												
25																	
26																	
27																	
28																	
29																	
30																	
31	G0				Z50												
32						T0											
33																	M30

Name Klasse Datum

Aufspannung 6

Satz-Nr. **N**	Wegbedingung **G**		Koordninaten			Zusätzliche Befehle und Adressen											Schalt-funktion **M**
			X/XI/XA	Y/YI/YA	Z/ZI/ZA												
1	G55																
2						T1											
3	G81				ZA-5	V2											
4	G79		X14	Y68	Z0		W50										
5																	
6																	
7																	
8																	
9																	
10																	
11					Z50												
12						T0											
13																	M30

Name Klasse Datum

Unterprogramm L11

Satz-Nr. **N**	Wegbedingung **G**		Koordinaten			Zusätzliche Befehle und Adressen												Schalt-funktion **M**
			X/XI/XA	Y/YI/YA	Z/ZI/ZA													
1	G3		X63.726	Y35.557		I-12.544	J-122.845											
2	G2		X65.09	Y35.9		I15.154	J-57.387											
3	G1			Y35.425														
4			X66.58	Y33.764														
5	G3		X55.947	Y34.527		I-14.034	-121.184											
6	G2		X66.58	Y37.758		I22.933	J-56.357											
7	G1			Y33.764														
8			X68.07	Y32.08														
9	G3		X49.303	Y33.041		I-15.524	J-119.499											
10	G2		X68.07	Y39.56		I29.577	J-54.871											
11	G1			Y32.08														
12			X69.56	Y30.372														
13	G3		X43.431	Y31.245		I-17.014	J-117.791											
14	G2		X69.56	Y41.31		I35.449	J-53.075											
15	G1			Y30.372														
16			X71.05	Y28.638														

Name

Klasse

Datum

Satz-Nr. **N**	Wegbedingung **G**		Koordninaten			Zusätzliche Befehle und Adressen											Schalt-funktion **M**
			X/XI/XA	Y/YI/YA	Z/ZI/ZA												
17	G3		X38.135	Y29.217		I-18.504	J-116.058										
18	G2		X71.05	Y43.013		I40.745	J-51.048										
19	G1			Y28.638													
20			X72.54	Y26.879													
21	G3		X33.297	Y27.007		I-19.994	J-114.298										
22	G2		X72.54	Y44.673		I45.583	J-48.837										
23	G1			Y26.879													
24			X74.03	Y25.091													
25	G3		X28.837	Y24.644		I-21.484	J-112.511										
26	G2		X74.03	Y46.292		I50.043	J-46.474										
27	G1			Y25.091													
28			X75.52	Y23.275													
29	G3		X26.035	Y22.482		I-22.974	J-110.695										
30	G2		X25.684	Y23.337		I0.045	J0.518										
31	G2		X75.52	Y47.873		I53.196	J-45.167										
32	G1			Y23.275													
33			X77.01	Y21.429													

Name Klasse Datum

Name | Klasse | Datum

Satz-Nr. N	Wegbedingung G		Koordinaten X/XI/XA	Y/YI/YA	Z/ZI/ZA	Zusätzliche Befehle und Adressen											Schalt-funktion M
34	G3		X26.226	Y20.995		I-24.464	J-108.848										
35	G2		X24.548	Y24.301		I-0.146	J2.005										
36	G2		X77.01	Y49.42		I54.332	J-46.131										
37	G1			Y21.429													
38			X78.31	Y19.792													
39	G2		X77.885	Y19.698		I-0.31	J0.392										
40	G3		X26.475	Y19.522		I-25.339	J-107.117										
41	G2		X23.412	Y25.265		I-0.395	J3.478										
42	G2		X77.994	Y50.929		I55.468	J-47.096										
43	G2		X78.5	Y50.429		I0.006	J-0.5										
44	G1			Y20.185													
45	G2		X78.31	Y19.792		I-0.5	J0										
46	G0																
47																	

Notizen

Name	Klasse	Datum